PROJET

DE

RÈGLEMENT DE LA DETTE

DE LA COMPAGNIE

DES

CHEMINS DE FER DU NORD DE L'ESPAGNE

ET

EXTRAITS DE JOURNAUX FINANCIERS

PARIS

IMPRIMERIE ADMINISTRATIVE ET DES CHEMINS DE FER DE PAUL DUPONT

45, RUE DE GRENELLE-SAINT-HONORÉ, 45

1868

PROJET

DE

RÈGLEMENT DE LA DETTE

DE LA COMPAGNIE

DES

CHEMINS DE FER DU NORD DE L'ESPAGNE

ET

EXTRAITS DE JOURNAUX FINANCIERS

PARIS

IMPRIMERIE ADMINISTRATIVE PAUL DUPONT

45, RUE DE GRENELLE-SAINT-HONORÉ, 45

1868

PROJET

DE

RÈGLEMENT DE LA DETTE

DE LA COMPAGNIE

DES

CHEMINS DE FER DU NORD DE L'ESPAGNE

DÉVELOPPEMENT DU PROJET DE RÈGLEMENT.

La dette de la Compagnie des Chemins de fer du nord de l'Espagne se compose :

1° de 618,500 obligations actuellement en circulation ;

2° De la créance du Crédit mobilier espagnol montant à 46,629,139 francs, déduction faite d'un semestre d'intérêt, du 1er avril au 1er octobre 1867, dont le Crédit mobilier espagnol a consenti l'abandon pour placer sa créance dans les mêmes conditions que celles des obligations dont le coupon d'octobre n'a pas été payé.

La créance du Crédit mobilier espagnol provient des avances qu'il a faites à la Compagnie du Nord de l'Espagne pour l'achèvement du chemin et le payement des entrepreneurs, ainsi que cela résulte des rapports et des comptes approuvés par les assemblées des exercices 1864-1865-1866.

Ces avances, que la Compagnie du Nord avait sollicitées à une époque où elle n'avait pas encore obtenu l'autorisation d'émettre de nouvelles obligations, ont seules permis de continuer les travaux et de mettre le chemin en état d'exploitation ; elles se sont continuées après que cette autorisation avait été obtenue parce que les événements politiques et financiers n'auraient permis à la Compagnie du Nord de négocier les nouveaux titres qu'aux conditions les plus onéreuses.

Le cours actuel des obligations ne permettant pas de réaliser les ressources nécessaires pour solder cette dette, il a été préparé un projet de règlement destiné à permettre la répartition des produits nets actuels et de ceux qui ultérieurement ne peuvent manquer de s'accroître.

Le revenu net de la Compagnie du Nord a été, en 1866, de 10,530,987 francs; il a été dépassé, pour l'exercice 1867, dont les comptes vont être arrêtés, et en 1868, malgré la mauvaise récolte, les recettes sont encore supérieures à celles de 1867.

Pour la répartition de ce produit déjà important, il a été proposé de régler le compte courant du Crédit mobilier espagnol, en obligations du prix de 147 fr. 50 (le cours actuel est de 123 fr.), ce qui représente 316,130 obligations qui, jointes aux 618,500 déjà émises, forme un total de 934,630 obligations.

Pour attribuer à ces obligations la totalité des produits nets actuels, on la divise en deux parties, la première devant comprendre des obligations de priorité, recevant 15 francs par an (7 fr. 50 par semestre), le seconde consistant en obligations à revenu variable donnant droit au surplus des produits ultérieurs jusqu'à concurrence du plein des 15 francs, par obligations et par an.

Pour quatre obligations, tant anciennes que nouvelles, il serait délivré :

Trois obligations de priorité donnant droit à un intérêt fixe de 15 francs par an, à dater du 1er octobre dernier et dont le premier coupon semestriel de 7 fr. 50 par obligation serait payé au mois d'avril prochain.

Puis, une obligation à revenu variable ayant droit, après le prélèvement d'une certaine somme pour l'amortissement des obligations par voie de rachat, à tout l'excédant du revenu au delà de la somme de 10,514,700 francs nécessaire pour payer l'intérêt des obligations de priorité à raison de 15 francs.

Le Mobilier espagnol, ayant abandonné cette quatrième obligation, tout cet excédant appartient aux obligataires actuels.

C'est au moyen de cet abandon du quart des obligations acceptées par le Crédit mobilier espagnol à 147 fr. 50, que le prix des 237,097 obligations restant au Crédit mobilier espagnol pour le règlement de sa créance, se trouve établi à 196 fr. 67 par obligation de priorité.

Dans ces conditions, la dette de la Compagnie du Nord consistera en 700,980 obligations de priorité et en 154,627 obligations à revenu variable.

Les 700,980 obligations de priorité, recevant chacune 15 francs par an, absorberont une somme de 10,514,700 francs qui est inférieure au produit net réalisé ; sauf une somme de 250,000 francs environ à prélever pour l'amortissement, le surplus, jusqu'à concurrence de 2,319,605 francs, sera consacré aux obligations à revenu variable.

Ces propositions ont été acceptées par le Conseil d'Administration du Crédit mobilier espagnol, sauf l'approbation de l'Assemblée générale extraordinaire, convoquée pour le 6 avril prochain.

Après mûre délibération, le Comité international a également accepté la proposition faite aux obligataires, et qui consiste dans la réduction éventuelle d'une portion de leurs revenus sur le quart de leurs obligations, de telle sorte que, à partir du mois d'avril prochain, ils toucheront le revenu intégral de trois obligations sur quatre, ce qui représente dès à présent un minimum de 11 fr. 25 par obligation ancienne et sur la quatrième l'excédant des produits jusqu'à concurrence de 15 francs.

C'est cette proposition que le Comité international présente à l'adhésion des obligataires.

Moyennant cette adhésion, le payement régulier des coupons serait repris sur les bases ci-dessus indiquées, après la ratification des Assemblées du Mobilier espagnol et du Nord de l'Espagne et l'approbation du gouvernement.

Ceux de Messieurs les obligataires qui voudront adhérer sont invités à le faire dans le plus bref délai, afin de ne pas retarder l'accomplissement des formalités nécessaires pour le payement du coupon d'avril.

Il est inutile d'opérer le déplacement des titres ; il suffit de demander des bordereaux d'adhésion et de les renvoyer signés, avec l'indication du nombre et des numéros d'obligations :

A Paris :

Au domicile de la Société, place Vendôme, n° 8 ;

Au Crédit mobilier, 15, place Vendôme.

A Bruxelles :

A la Société générale et à la Banque de Belgique.

A Lyon :

A la Société du Crédit Lyonnais, rue Impériale.

EXTRAITS

D E

JOURNAUX FINANCIERS

EXTRAIT DU MESSAGER DE PARIS

du 28 février 1868.

Le *Moniteur* publie ce matin le projet de règlement de la dette des Chemins de fer du Nord de l'Espagne et l'adhésion qui a été donnée à ce sujet par le comité international franco-belge des obligataires ; nous le reproduisons plus bas. Cette combinaison résout de la manière la plus favorable toutes les difficultés qui paralysaient la libre disposition des ressources de la Société.

Avec des produits nets très-importants, elle se voyait obligée de suspendre le payement des intérêts des obligations parce qué ce revenu n'était pas actuellement suffisant pour donner une complète satisfaction aux obligations et à la dette en compte courant. On en était réduit à discuter des questions de privilége que les tribunaux seuls pouvaient résoudre, car il n'est permis à personne de se créer un droit, de se rendre justice à soi-même.

Aux prétentions des porteurs d'obligations qui pensaient que leurs titres devaient primer le compte courant, on opposait la législation espagnole qui donnait, disait-on, un droit *réfactionnaire*, c'est-à-dire un privilége aux créanciers qui avaient fourni des capitaux pour parachever le chemin, pour sauver le gage social, selon la doctrine consacrée en France.pour le prêt sur les navires, pour les travaux de réparation et de mise en état de navigabilité.

Plaider, discuter, c'était prolonger un état de choses intolérable, car aucune distribution d'intérêt ne pouvait être accordée ni aux obligataires, ni au compte courant, pendant toute la durée de ces contestations, et un revenu net considérable, de près de 11 millions de francs par an, se trouvait ainsi mis temporairement sous un sequestre volontaire jusqu'au moment où, en vertu du projet de loi soumis aux Cortès, il se serait trouvé forcément placé sous le sequestre du gouvernement espagnol.

Le comité international des obligataires et les administrateurs du Crédit mobilier espagnol, ont bien apprécié les graves inconvénients de cette situation.

Ils avaient, d'ailleurs, été suffisamment avertis par la baisse des obligations à 85 fr. et même à 80 fr. et 75 fr., lorsque la suspension du payement du coupon d'octobre dernier a été connue.

Si une semblable suspension avait pu se prolonger, ç'aurait été une ruine pour les obligataires !

Le relèvement de ces prix a reflété les alternatives des négociations laborieuses qui se sont poursuivies entre les administrateurs du Nord de l'Espagne, ceux du Mobilier espagnol et les comités français et belges des obligataires.

La combinaison à laquelle on s'est arrêté a le double avantage d'éviter toute contestation, tout retard dans la reprise des payements et de régler équitablement le présent en ménageant l'avenir d'une manière avantageuse pour les deux intérêts en présence.

Les administrateurs du chemin de fer du Nord ont loyalement exécuté leur mandat : ils ont mis à la disposition de tous les créanciers de l'entreprise la totalité des produits nets dont ils avaient la disposition. Pouvait-on leur demander davantage? Une maxime vulgaire répond d'avance à une semblable question.

Pouvaient-ils imposer un sacrifice injuste, exorbitant, soit aux oblitaires, soit au compte courant?

Évidemment non, car d'abord ils étaient sans droit pour le faire, et ensuite parce qu'il y avait de justes ménagements à garder dans l'intérêt des obligataires qui avaient souscrit leurs titres au moment où l'on espérait des revenus qui ne se sont pas encore réalisés, aussi bien que dans l'intérêt du Crédit mobilier espagnol. Ce dernier avait libéralement fourni, en effet, sans y être en aucune façon obligé, des capitaux considérables, quarante-sept millions, en compte courant. Cette avance avait été faite lorsque la Compagnie du Nord était menacée d'une ruine complète, alors que le discrédit qui avait atteint la généralité des affaires espagnoles, la privant de toutes ressources, allait la forcer à suspendre ses travaux et la mettait ainsi à la merci d'entrepreneurs et de fournisseurs non payés, avec un chemin inachevé et, par conséquent, sans revenu. C'était le sequestre judiciaire, la mise en vente, la liquidation dans les conditions les plus désastreuses, pour les obligataires comme pour les actionnaires.

Ils ne pouvaient pas, comme une note publiée dans un journal de province le prétendait, imposer au Crédit mobilier espagnol un règlement en obligations à un prix arbitrairement fixé par le débiteur, alors que le créancier ayant donné de l'argent sans rien stipuler, au moment critique où il consentait à le faire, avait un droit incontestable à être remboursé en argent.

Mais les administrateurs du Nord ne pouvaient pas non plus consentir à négocier des obligations à 90 ou 100 francs pour solder le compte courant, car, à ces conditions qui étaient celles que les embarras de la Compagnie avaient accidentellement créées, on consacrait en doublant la dette une ruine pour tous les intéressés, tant pour les obligataires que pour les actionnaires, par la raison que la multiplication des titres n'aurait pas créé la multiplication des revenus nécessaires pour en assurer le service.

Voici la combinaison qui est sortie des longues discussions auxquelles les représentants des trois intérêts en présence se sont arrêtés.

Le revenu net du chemin de fer du Nord ayant été en 1866 de 10,530,987 fr. 97 c. en étant inférieur à celui de 1867, malgré les circonstances politiques, le choléra et la crise financière et commerciale qui afflige ce pays, a adopté ce point de départ pour déterminer le nombre d'obligations dont on pouvait loyalement se promettre d'assurer le service.

Ce revenu net qu'on peut considérer comme un minimum (les sept premières semaines de l'exercice 1868 donnent en effet déjà un accroissement de recettes de 105,000 fr.) représente l'intérêt de 700,000 obligations environ.

Pour en faire la répartition entre les anciens obligataires et le compte courant, on a pensé qu'il convenait de créer des obligations de priorité représentant les revenus de 1866 du chemin du Nord, car c'était ce revenu constaté que l'on pouvait présenter comme un gage sérieux aux porteurs de titres; puis d'émettre des obligations à revenu variable auxquelles on attribuerait le surplus des revenus nets, au fur et à mesure qu'ils se produiraient, jusqu'à concurrence du plein de 15 francs par obligation.

De là est provenu le projet de conversion des 618,510 obligations en circulation, en 463,883 obligations de priorité, jouissant immédiatement, c'est-à-dire à partir du 1er octobre dernier, du plein de leur revenu de 15 francs par an, et en 154,627 obligations à revenu variable, ayant droit aux excédants de produits nets après l'acquittement des charges d'intérêt et d'amortissement des obligations de priorité.

La créance de 46,629,139 francs du Crédit mobilier espagnol a pu être réglée en obligations de priorité, qui ont été acceptées par lui au prix de 196 fr. 67 c., ce qui a donné un nombre de 237,097 obligations, soit pour l'ensemble des obligations de priorité 700,980, qui, à 15 francs, représentent 10,514,700 francs d'intérêts à servir.

Cette somme, augmentée d'environ 100,000 francs par an pour l'amortissement par voie de rachat, absorbera les premiers revenus nets; le surplus sera attribué aux 154,625 obligations à revenu variable dans les limites qui viennent d'être indiquées.

Par cette combinaison, et en faisant admettre au Crédit mobilier espagnol des obligations au prix d'environ 200 francs, au moment où les anciennes se négociaient de 100 à 110 francs, les administrateurs du Nord de l'Espagne ont ménagé l'avenir de leurs actionnaires, en hâtant le moment où ils pourront recevoir, eux aussi, des revenus de leurs titres.

Pour les obligataires, il n'y a qu'un simple retard dans le payement des intérêts des obligations à revenu variable, formant seulement le quart de l'ensemble de leurs titres. Ce retard, quel sera-t-il? Deux ou trois ans au plus, selon toute probabilité. En effet, nous venons de voir que les sept premières semaines de l'exercice 1868 produisent un excédant de 105,000 francs. Cela représente pour l'année environ 800,000 francs. C'est, il est vrai, un produit brut ; mais comme l'excédant de produits qui se réalise ne nécessite aucune augmentation de frais, il en résulte que l'on peut les considérer comme des produits nets ; or, pour assurer le payement complet de 15 francs par an sur les 154,625 obligations à revenu variable, il suffit d'une augmentation de revenu net de 2,219,375 francs.

Dans ces conditions, dès l'exercice actuel 1868, il pourrait être attribué aux obligations variables un revenu de 5 francs, et pour chacun des exercices suivants 5 francs de plus.

Le retard sur ces 154,625 obligations n'aurait donc été que de 10 francs par obligation sur l'exercice courant, et de 5 francs pour l'exercice prochain, ce qui donnerait en réalité un simple ajournement de 15 francs par obligation à revenu variable.

Résumons nous :

Dans cette crise, qui menaçait d'un désastre, un ensemble de valeurs représentant un capital de 300 millions, on sera parvenu, avec de la prudence, de l'habileté et une énergique fermeté, à n'imposer d'autre sacrifice sur les obligations, que le coupon d'octobre (le suivant devant être payé en avril), plus un retard de 15 francs environ par obligation à revenu variable :

Or, comme ces obligations ne forment que *le quart* du total, c'est 3 fr. 75 par chaque obligation ancienne, soit avec le coupon de 7 fr. 50, en tout 11 fr. 25 par obligation ancienne qui auront été en souffrance.

Pour le Crédit mobilier espagnol, en acceptant en payement de la somme énorme de 46,629,139 francs, spontanément avancée, des obligations du Nord de l'Espagne au prix de 196 fr. 67, alors que leurs cours était très-inférieur à ce prix, il a donné un témoignage de confiance, il consolide le crédit de la Compagnie du Nord et lui permet d'attendre le développement de son trafic et les réparations des erreurs commises lors de la rédaction des devis primitifs.

Quant aux actions, après avoir attribué aux obligations anciennes et nouvelles, l'ensemble des revenus actuels du chemin, et ceux qui pourront se produire jusqu'à concurrence d'une augmentation de 2 millions, il leur restera les accroissements ultérieurs et le concours que le gouver-

nement espagnol a promis de leur accorder, et dont il s'occupe active-
ment au moment où nous écrivons ces lignes :

Cette dernière ressource ne peut pas leur manquer.

Quant à celle résultant de l'accroissement des recettes, nous pouvons
donner la mesure des espérances qu'ils sont en droit de fonder sur cette
éventualité, en mettant sous leurs yeux la progression des recettes sur
la ligne de Bordeaux à Bayonne, dont le réseau du Nord de l'Espagne
est la continuation.

Exercice 1856	3,632,629	fr.
— 1857	3,983,007	»
— 1858	4,170,659	»
— 1859	4,605,890	»
— 1860	5,208,315	»
— 1861	6,599,935	»
— 1862	7,603,216	»
— 1863	7,528,487	»
— 1864	7,721,698	»
— 1865	8,545,653	»
— 1866	8,735,563	»

C'est une augmentation de 150 % en dix ans!

En rentrant dans des conditions normales, l'exploitation de la ligne
du Nord, qui profitera de tous les développements des autres lignes espagnoles, doit évidemment donner d'excellents résultats.

Ainsi se sera terminée une crise qui a mis en péril la Société et qui
menaçait d'engloutir, dans une ruine commune, les intérêts des actionnaires comme ceux des porteurs d'obligations.

EXTRAIT DU MONITEUR DES INTÉRÊTS MATÉRIELS

du 4 mars 1868.

Nous avons publié le projet de règlement de la dette du Nord de l'Espagne que le Comité belge accepte et qu'il propose à l'acceptation de tous les obligataires.

Le projet formulé par le Comité, bien qu'il fût très-avantageux aux divers intéressés, a rencontré en fait des résistances qui n'ont pu être vaincues. Des combinaisons nouvelles ont surgi de toutes parts ; aujourd'hui encore nous voyons un groupe bordelais publier une contre-proposition.

Si, mettant l'amour-propre d'auteur au-dessus des intérêts des obligataires, chacun prétendait faire prévaloir son système, la situation actuelle se prolongerait indéfiniment. Le payement des intérêts demeurerait suspendu et le dommage causé s'aggraverait.

Dans le cours de ces longues et laborieuses négociations, le Comité belge, voulant avoir la force par la modération, a constamment reconnu que les diverses catégories d'intéressés doivent s'imposer quelques sacrifices, qu'aucune ne doit obtenir d'avantages exclusifs, qu'il faut créer pour l'avenir un état normal et faire cesser les causes du discrédit. Il ne se flatte pas d'avoir complétement réalisé tout ce qu'il désirait pour les obligataires, mais, après avoir fait d'énergiques efforts qui ont été couronnés de succès partiels, il pense que, dans les circonstances données, la solution proposée est acceptable, que c'est la meilleure, sinon la seule chance de faire reprendre prochainement un payement d'intérêts et par suite de relever la valeur des titres en rétablissant la confiance.

En résumé, d'après ce projet, la créance du Crédit mobilier espagnol sera réglée en obligations de la même nature que celles qui seront remises aux obligataires. Pour ceux-ci, trois titres sur quatre seront reconnus comme obligations de priorité ; le quatrième sera échangé contre une obligation de la deuxième catégorie, non privilégiée.

Le service régulier des intérêts des obligations de priorité est assuré par le produit net de 1866. A mesure que le produit net disponible s'accroîtra, les obligations de la deuxième catégorie recevront aussi un intérêt dont le maximum est fixé à 15 francs par an.

Le point le plus difficile et sur lequel les débats ont été les plus vifs, était la fixation du prix auquel le Crédit mobilier accepterait des obligations en payement de sa créance.

D'après le projet élaboré à Bordeaux, la créance de 46,600,000 devrait être réglée en obligations de 250 francs, soit au moyen de 178,400 titres et cela par le singulier motif que la plupart des obligations ont été placées à ce prix, il y a plusieurs années. Le Mobilier recevrait ainsi, en payement de sa créance de 46,600,000, une monnaie dont la valeur actuelle, à 130 francs, ne serait guère que de 23,192,000 francs. C'est là une exagération évidente.

C'eût été exagérer en sens opposé de régler la créance en obligations remises au cours actuel.

La moyenne entre ces deux extrêmes également inacceptables, l'un par le Mobilier, l'autre par la Compagnie du Nord et par ses obligataires, est le cours de 190 francs. Or le Crédit mobilier acceptera les titres à 196 francs 67 d'après le projet de règlement. Il sacrifiera de plus, comme les obligataires le sacrifient, l'intérêt du semestre d'avril-octobre 1867.

S'il réalise ses titres à 150 francs, il perdra plus de 11 millions. L'écart entre le cours actuel et le prix auquel le Crédit mobilier prend les obligations représente pour sa créance une perte de plus de 15,800,000 francs ; c'est-à-dire que, dans cette hypothèse, il sacrifierait définitivement plus du tiers, tandis que les obligataires n'abandonneraient temporairement que le quart.

L'acceptation expresse et immédiate de la transaction proposée est désirable dans l'intérêt des obligataires eux-mêmes, afin qu'aussitôt après le vote des assemblées générales, convoquées pour les premiers jours d'avril et après l'approbation du gouvernement espagnol, un payement d'intérêt puisse être repris.

L'abstention serait une faute et un mauvais calcul. Plusieurs intéressés qui ne possèdent pas un nombre de titres exactement divisible par quatre, nous ont demandé comment l'opération matérielle se réglerait à leur égard. La Société générale et la Banque de Belgique, après avoir puissamment aidé le Comité dans sa mission désintéressée, faciliteront aussi, nous n'en doutons pas, cet échange de titre en servant d'intermédiaire pour reprendre ou céder, au gré des intéressés, les fractions en plus ou en moins.

EXTRAIT DU MONITEUR DES INTÉRÊTS MATÉRIELS

du 7 mars 1868.

Les pernicieux conseils ne manquent pas aux obligataires du Nord de l'Espagne. Depuis qu'un projet de règlement de la dette de cette Compagnie est soumis à leur acceptation, c'est à qui, sans nul souci ni de la veille ni du lendemain, attaquera le plus passionnément ces propositions issues d'une négociation longue et laborieuse, après un examen approfondi de la situation réelle des choses et des nécessités qu'elle entraîne.

Un personnage, tristement célèbre, au lieu de saisir une belle occasion de se taire, attaque inconsidérément, dans un grand journal de Paris, le projet adopté par le Comité international. Ce Comité, selon lui, est une pauvre dupe, une victime de l'habileté d'autrui ; il ne sait ce qu'il fait ; un jour, il aura des regrets ou peut-être des remords.

Un autre journal, aux allures tapageuses, croyant peut-être que les gros mots peuvent dispenser de bonnes raisons, présente, dans un même numéro à ses lecteurs ébahis, deux articles dont le premier tend à établir que la combinaison projetée peut constituer le Crédit mobilier espagnol en perte de 23 millions, et l'autre que cette même combinaison ruine les obligataires au profit du Crédit mobilier espagnol.

Enfin des obligataires bordelais inondent notre pays de circulaires retentissantes et plus nombreuses que celles des marchands de vins du même terroir, en l'honneur du projet élaboré par M. Salefranque.

Voici le projet auquel on invite tous les obligataires à se rallier :

1° Remplacer les tirages au sort pour l'amortissement par des rachats à la Bourse ;

2° Employer aux parachèvements le montant des secours pécuniaires que le gouvernement espagnol a solennellement promis, ne fût-ce que la part du Nord d'Espagne dans les 15 0/0 réservés sur la soulte ;

3° Régler la dette de la Compagnie, soit avec des obligations prises à 250 francs par le Crédit mobilier espagnol, soit avec trente-six annuités comprenant l'intérêt et l'amortissement à 5 0/0 de la somme avancée, au choix de cette Société.

Cette solution est-elle pratique, raisonnable, sérieuse? L'idée de l'amortissement par voie de rachat est commune aux deux projets; mais, d'après les propositions adoptées par le Comité international, ce mode ne peut être adopté que pendant dix ans. La bonne chance de remboursement doit ensuite être rendue aux obligataires. La proposition bordelaise, beaucoup moins favorable sous ce rapport, les prive indéfiniment de cette chance.

Les défenseurs du système Salefranque ont d'ailleurs d'étranges distractions. Oubliant qu'ils ont supprimé l'amortissement à 500 francs par tirage, ils font le calcul fantastique d'un bénéfice de 72 millions à réaliser par le Mobilier espagnol en gardant les obligations jusqu'à ce qu'elles deviennent remboursables à 500 francs; mais le bénéfice des obligataires, auxquels on oublie aussi d'appliquer le même calcul, quel serait-il dans cette hypothèse? Environ 229 millions. Nous ne savons si une pareille logique a cours sur les bords de la Garonne; ici, sous une atmosphère plus brumeuse, plus lourde, nous sommes doués de moins d'imagination et pratiquons aussi une autre logique.

Passons au deuxième point. Chacun sait, par les publications qui ont été faites, que le Nord de l'Espagne peut avoir besoin dans un terme plus ou moins rapproché de quatre à cinq millions pour solder des dépenses de premier établissement et des travaux de parachèvement indispensables.

Le projet bordelais affecté à ces dépenses certaines des secours hypothétiques du gouvernement espagnol, ou du moins une part du Nord-Espagne dans les 15 0/0 réservés sur la soulte.

Nous avouons humblement ne point comprendre où se trouve cette réserve précieuse dont il n'existe de traces nulle part. On rendrait aussi un éminent service aux obligataires en leur disant ce que le gouvernement a promis et quelle est l'échéance des obligations qu'il a contractées.

Faute de ces rensèignements, nous qui vivons ici sur les rives de la Senne ou de l'Escaut, dans un pays très-prosaïque, nous nous demandons avec une anxieuse curiosité si le Nord condamné, par exemple, à payer un million aux entrepreneurs des travaux des Pyrénées pourra faire accepter à ces créanciers, munis d'un titre exécutoire, les promesses solennelles du gouvernement espagnol. Si cette monnaie a cours légal en France, rien de mieux, la proposition Salefranque est très-salutaire et très-économique. Si au contraire il ne suffit pas, pour se libérer d'une dette, d'invoquer les promesses réelles ou supposées d'un tiers, le projet bordelais n'est qu'une dangereuse utopie. Les embarras seront prochains et insurmontables. Une deuxième suspension de payement, plus fatale que la première, serait la conséquence de ces illusions.

La troisième et dernière proposition est le sublime du genre. Le Mobilier espagnol est créancier par compte courant d'une somme de 46 millions 1/2. On lui dit, avec un sérieux qui serait comique en toute autre circonstance : Vous avez le choix d'être payé en obligations calculées à 250 francs, ou en trente-six annuités avec intérêt à 5 0/0. Choisissez.

Le Crédit mobilier répond : Je ne choisis ni l'un ni l'autre mode.

Il y a, dans les codes de toutes les nations, certaines règles communes, traduction positive des principes de l'équité naturelle et qui semblent appartenir au patrimoine de l'humanité raisonnable. Au nombre de ces axiômes de bon sens, se trouve ou se trouvait celui-ci : chacun dispose de son droit, mais ne dispose pas à son gré du droit d'autrui.

Transportons la scène sur un autre théâtre. Un banquier de Bordeaux a fait en compte courant une avance de 46,000 francs à un entrepreneur qui précédemment avait emprunté à d'autres 309,000 francs pour mener son entreprise à bonne fin. L'entrepreneur, sans être en faillite, se trouve momentanément gêné et dans l'impossibilité de payer l'intérêt complet de ses deux dettes.

Les créanciers des 309,000 francs, vont trouver le banquier et tiennent à peu près ce langage : Monsieur, vous êtes libre d'opter entre 36 annuités avec intérêt réduit, ou le payement de vos 46,000 francs en une monnaie qui aujourd'hui vaut à peine 24,000 francs. Choisissez.

Le banquier, s'il tenait à être excessivement poli, se prendrait à rire ; mais s'il n'y tenait pas, qu'arriverait-il? La solution bordelaise n'a donc qu'un seul inconvénient. Ce n'est pas une solution ; elle est matériellement inexécutable. Elle rappelle ce personnage de comédie qui disait fièrement : je suis à moitié marié, j'ai déjà mon consentement, il ne me manque que celui de ma future.

Il n'y a pour le Nord de l'Espagne qu'une seule alternative sérieuse et pratique, où la mise en faillite ou un compromis accepté par les diverses catégories d'intéressés.

La faillite ou plutôt le sequestre suivi d'interminables procès vaut-il mieux pour les obligataires qu'une transaction par laquelle chaque partie fasse quelques sacrifices? Le projet de règlement adopté par le comité international, d'accord avec les conseils d'administration du Nord et du Mobilier espagnol, établit-il une pondération convenable des avantages à recueillir et des sacrifices à faire par les divers intéressés?

Telles sont, en dehors, des passions qui s'attaquent aux personnes en compromettant les intérêts qu'elles prétendent servir, les deux questions à l'examen desquelles nous consacrerons un prochain article.

EXTRAIT DU MESSAGER DE PARIS

du 11 mars 1868.

Ce que l'on ne sait pas assez, c'est que la créance du Crédit mobilier espagnol sur la Compagnie du Nord de l'Espagne, qui ne remonte qu'à quelques années, a pris naissance au moment où la Compagnie du Nord ayant épuisé ses ressources disponibles était en instance auprès du gouvernement pour obtenir l'autorisation d'émettre de nouvelles obligations. Cette autorisation lui a, en effet, été accordée plus tard par deux lois successives; mais, dans l'intervalle, l'entreprise aurait eu le temps d'être ruinée et de voir tous ses travaux suspendus, si elle n'avait trouvé à côté d'elle une Compagnie assez généreuse pour venir à son secours et lui faire des avances sans lesquelles elle n'aurait pu marcher.—Ce qu'on ne sait pas encore, c'est qu'au moment où la Compagnie du Nord a obtenu l'autorisation d'émettre de nouvelles obligations, elle s'est trouvée dans l'impossibilité de le faire, parce que toutes les valeurs espagnoles avaient baissé considérablement et en particulier les obligations du chemin de fer, que n'avait pas épargné la crise politique et financière.

Au lieu d'émettre ces obligations à des conditions ruineuses, la Compagnie a préféré demander au Crédit mobilier espagnol la continuation de ses avances en lui donnant en nantissement les obligations dont elle pouvait disposer.

Lorsque les mauvais jours sont venus, si le Crédit mobilier espagnol n'avait écouté que ses intérêts, il aurait pu vendre, pour se couvrir, les obligations qu'il avait ainsi reçues en garantie; il aurait pu les vendre encore alors qu'elles étaient tombées à 70 francs. Il n'en a rien fait.

Il a continué à aider la Compagnie et est entré dans toutes les convenances, et, c'est lorsque par un arrangement des plus équitables il contribue à sauver les intérêts des obligataires et à améliorer ceux des actionnaires dans un avenir prochain, qu'il se trouve des conseillers perfides, des chercheurs de procès, pour encourager les obligataires à s'abstenir devant de pareilles propositions. Quant à nous, ce que nous pouvons dire, c'est que l'abstention de la part des obligataires pourrait amener leur ruine ; c'est qu'au bout de cette abstention, si par impossible ce système pouvait prévaloir, il y aurait un procès dont l'issue ne paraît pas douteuse en faveur du Mobilier espagnol aux yeux de tous les jurisconsultes espagnols, car le Crédit mobilier est au lieu et place des entrepreneurs que son argent a servi à rembourser, et les entrepreneurs ont, comme on le sait, un privilége incontestable qui l'emporte sur tous autres.

Le danger de ce conflit n'est pas d'ailleurs à craindre, car nous apprenons que les adhésions commencent à prendre une certaine importance.

A l'appui de ce que nous venons de dire sur l'origine et les progrès de la créance du Mobilier espagnol, nous croyons devoir mettre sous les yeux de nos lecteurs les extraits suivants des rapports de la Compagnie du chemin de fer du Nord :

Rapport du 17 juin 1867.

Nous avons dû recourir au crédit pour mener notre œuvre à bonne fin.

Les moyens que nous nous sommes ainsi procurés nous ont permis d'assurer tous nos services, et d'arriver sans encombre ni retard à la période d'exploitation et de produits ; ces ressources précieuses qui nous ont été accordées avec une grande libéralité ont préservé notre entreprise des conséquences fatales qu'aurait eues pour elle et pour tous les intérêts qui s'y rattachent le moindre arrêt dans la marche de nos travaux.

Grâce à ces avances. tout a donc pu être maintenu en état, et, par suite, notre Compagnie se trouve aujourd'hui d'autant mieux fondée à justifier auprès du gouvernement une demande d'amélioration des conditions de sa concession, qu'elle n'aura reculé devant aucun sacrifice pour remplir scrupuleusement tous ses engagements. .

Un projet de loi destiné à régulariser notre situation a déjà été voté par le Sénat, et nous avons tout lieu de penser qu'il trouvera un accueil favorable de la part du Congrès. Il nous assure les moyens de nous libérer de notre dette flottante (1) ; mais nous avons toujours besoin de compter sur la bienveillance de la Société qui nous a fourni les moyens d'accomplir notre œuvre ; nous espérons qu'elle ne nous fera pas défaut jusqu'au moment où les circonstances seront devenues plus favorables.

Rapport du 20 juin 1866.

Ainsi que vous le voyez, Messieurs, par le bilan que nous venons de vous faire passer sous les yeux, nous sommes encore, depuis votre dernière assemblée, dans la situation de débiteur vis-à-vis de la Société générale du Crédit mobilier espagnol, dont le concours énergique nous a permis de mener à fin une œuvre difficile. Mais plus ce concours avait été large et bienveillant, plus votre Conseil devait considérer comme un devoir impérieux de rechercher tous les moyens propres à régulariser cette situation.

Dans cette ordre d'idées, nous vous avions fait entrevoir, lors de votre dernière réunion, l'espoir de nous libérer vis-à-vis du Crédit mobilier espagnol au moyen d'une nouvelle émission d'obligations. Une loi avait été, en effet, votée dans ce but, mais les circonstances ne nous ont pas encore permis d'user de la faculté qu'elle nous avait accordée.

Vous savez tous, Messieurs, que par suite de la crise qui a frappé l'Espagne, l'émission des obligations des chemins de fer ne pourrait se

---

(1) Ce projet de loi était relatif à l'autorisation d'émettre de nouvelles obligations, autorisation dont les circonstances n'ont pas permis à la Compagnie de profiter.

faire qu'à des conditions désastreuses. Cette situation étant commune à d'autres Compagnies, le gouvernement espagnol s'en était préoccupé, et, comme nous l'avons dit, il avait présenté un projet de loi destiné à aider transitoirement les Compagnies à remplir leurs engagements, en attendant, disait l'exposé des motifs, *qu'on eût pris, après une étude approfondie, les mesures les plus propres à résoudre un problème aussi grave et aussi difficile.*

Mais les complications politiques qui ont surgi en Europe ont réagi si vivement sur le crédit espagnol en augmentant l'intensité de la crise financière, que la loi qui avait pour but de prêter aux Compagnies des titres d'obligations de l'État contre dépôt de leurs propres obligations, est devenue quant à présent sans objet, puisque, au cours actuel des titres avancés par l'État, les Compagnies qui se chargeraient de les réaliser devraient s'imposer un sacrifice plus lourd que celui que nous avions hésité à faire, lorsqu'il s'agissait de nos propres obligations.

Rapport du 21 juin 1867.

Notre situation vis-à-vis de la Société générale du Crédit mobilier espagnol ne s'est pas améliorée; notre débit s'est, au contraire, augmenté depuis l'année dernière; il s'est accru particulièrement du montant des intérêts de cette dette. Nous ne saurions être trop reconnaissants, Messieurs, envers cette Société, de l'appui constant qu'elle nous a prêté, et sans lequel nous n'aurions pu achever nos travaux, tenir nos engagements et servir régulièrement les intérêts de nos obligations; c'est grâce à cet appui que nous aurons échappé à une ruine qui semblait inévitable, que nous aurons traversé toutes les crises financières ou politiques, qui, depuis l'ouverture de notre exploitation, n'ont cessé de contrarier nos efforts, et que nous aurons pu enfin atteindre le moment actuel, où la justice du gouvernement semble vouloir s'étendre sur notre entreprise et lui ouvrir un nouvel horizon.

———◦◦◦———

EXTRAIT DU MESSAGER DE PARIS

du 13 mars 1868.

Plusieurs de nos correspondants nous demandent s'il est vrai, comme des journaux des départements l'ont établi, que les obligations du Nord de l'Espagne ont un droit hypothécaire sur le chemin de fer et ses dépendances.

Nous avons eu déjà occasion de répondre par avance à cette question. Nous ne demandons pas mieux que de préciser un fait aussi important.

Il n'y a aucune inscription hypothécaire prise pas plus au profit des obligations qu'au profit du compte courant du Crédit mobilier. Ces deux créances sont dans le droit commun. Seulement, ainsi que nous l'avons dit, d'après la législation espagnole, le compte courant aurait un droit de préférence qu'on appelle réfactionnaire, parce que les fonds versés par le Crédit mobilier pour rembourser les entrepreneurs et solder les travaux de parachèvement, ont eu pour objet spécial de sauver la propriété sociale, alors que la Compagnie ne pouvait émettre de nouvelles obligations, ni contracter d'autres emprunts.

On argumente également sur ce fait que des administrateurs figurent dans les deux conseils du Crédit mobilier espagnol et du Nord de l'Espagne. Nous avons déjà dit que le conseil du Crédit mobilier espagnol compte 15 membres et celui du Nord de l'Espagne 22. Ensemble 37 administrateurs. Sur ce nombre *sept* seulement figurent dans les deux conseils.

Nous avons en outre ajouté, après avoir pris des renseignements positifs auprès de l'administration, que sur la transaction relative aux obligations du Nord de l'Espagne, les membres qui font partie des deux conseils se sont abstenus de voter.

Les liens qui existent entre les deux administrations n'ont donc eu qu'une influence favorable au Nord de l'Espagne. Ils ont permis de préserver la société des funestes conséquences que l'insuffisance des devis primitifs pouvait faire naître, alors que les crises politiques et financières que l'Espagne vient de traverser, avaient paralysé tous les moyens de crédit.

Quant à l'insuffisance des devis, aux excédants de dépenses qu'on reproche au conseil de la Compagnie du Nord, il y a une réponse très-catégorique à opposer à de semblables attaques.

Quel est, parmi les six grands réseaux de chemins de fer français, la ligne qui n'a pas eu ses devis considérablement dépassés ? Quel est celui des six réseaux de chemins de fer français qui, soit en raison de ses excédants de dépenses, soit en raison de la brièveté de ses concessions, aurait pu continuer son œuvre et éviter une ruine si les conditions primitives des concessions n'avaient été modifiées par la haute bienveillance du gouvernement de l'Empereur ?

Que ceux donc qui ne se sont pas trompés en matière de travaux publics, viennent jeter la première pierre aux administrateurs du chemin de fer du Nord de l'Espagne.

Ce que nous disons ici s'applique non-seulement à toutes les concessions faites en Espagne, mais aussi à celles de Belgique, d'Angleterre, etc.

Nous trouvons dans un document officiel qui vient d'être distribué au Corps législatif, dans l'Exposé des motifs du projet de loi sur les travaux du port de Dunkerque, signé par trois conseillers d'État, MM. Lestiboudois, comte Dubois et de Francqueville ; le second ancien directeur général des ponts et chaussées ; le dernier directeur général, actuel et directeur général des chemins de fer, un document significatif qui établit que ce n'est pas seulement en Espagne que les devis se trouvent dépassés.

Voici le relevé des dépenses faites et à faire pour les ports de la Manche dans le Royaume-Uni :

PORTS DE REFUGE EN ANGLETERRE.

	Commencement des TRAVAUX.	ESTIMATION primitive.	DÉPENSES FAITES		DÉPENSES probables.
			au 1er avril 1859.	au 1er déc. 1866.	
DANS LA MANCHE :					
Harvich................	1846	2,800,000	3,300,000	3,300,000	3,300,000
Douvres...............	1847	6,100,000	8,700,000	16,300,000	125,000,000
Portland..............	1848	14,700,000	19,800,000	23,300,000	29,000,000
Aurigny, près Cherbourg.	1847	15,500,000	16,200,000	32,500,000	35,000,000
Jersoy................	1847	17,500,000	7,600,000	7,600,000	7,600,000
DANS LA MER D'IRLANDE :					
Holyhead..............	1848	20,200,000	27,000,000	48,000,000	50,160,000
TOTAUX..........		76,800,000	82,600,000	131,000,000	250,000,000

Or, si malgré l'expérience des Anglais, des devis de 76,800,000 fr. ont pu s'élever à 250 millions, c'est-à-dire à plus du triple des premières estimations, on peut comprendre que des erreurs aient pu être commises quand il s'agit de travaux aussi gigantesques que ceux de la traversée de la double chaîne de montagnes des Pyrénées et du Guadarrama.

Or les devis qui, pour le Nord de l'Espagne, ont servi de base à la concession, n'ont pas été faits, ni par les soins des ingénieurs de la Compagnie, ni par le conseil d'administration, puisqu'il y a eu une adjudication publique; c'est le gouvernement espagnol lui-même qui a fait faire les études, qui a posé les bases de la concession en produits comme en dépenses. C'est sur ces données qu'on a traité, c'est aussi pourquoi la Compagnie est en instance auprès du gouvernement espagnol pour lui demander la réparation, non pas de la totalité, mais d'une faible partie seulement des erreurs qui ont été involontairement commises par ses ingénieurs.

EXTRAIT DU MESSAGER DE PARIS

du 15 mars 1868.

Monsieur le rédacteur,

Je viens, au nom d'intérêts très-respectables engagés dans les actions et les obligations du chemin du Nord de l'Espagne, réclamer de votre impartialité l'insertion dans la *Gironde* de quelques réflexions qu'en ma qualité de possesseur à la fois d'actions et d'obligations de ce chemin, je crois utile de produire pour mettre fin à une agitation regrettable, qui me paraît compromettante pour les capitanx engagés dans cette entreprise.

Je considère comme très-périlleuse la voie de résistance qu'une réunion d'obligataires bordelais cherche à opposer à l'arrangement que les administrateurs du Nord de l'Espagne, ceux du Crédit mobilier espagnol et un comité international franco-belge ont préparé pour être soumis à l'acceptation des assemblées générales et des porteurs d'obligations.

Cette opinion se trouve corroborée par un article que je lis dans le *Moniteur des intérêts matériels*, journal belge très-estimé, et qui, depuis longtemps, a entrepris la défense des chemins espagnols, aussi bien du Saragosse, du Pampelune que du Nord, parce que c'est la Belgique qui, après Paris, possède le plus grand nombre d'actions et d'obligations de ces entreprises.

Si vous pouvez reproduire cet article, vous ferez une chose très-utile, car il contient des vérités qu'on semble avoir trop méconnues dans l'appréciation des mesures proposées.

Les obligations sont privées de tout revenu depuis près de six mois.

Les revenus réalisés nous permettent, à dater du 1er octobre dernier, de recevoir les trois quarts de nos coupons ; le premier payement peut nous être fait dès le mois d'avril prochain ; la totalité des excédants de produits nets qui pourra se produire nous est exclusivement réservée. Pourquoi résister ?

Nous allons, pendant deux ou trois ans, faire un sacrifice de 2 à 3 francs par obligation pour éviter une faillite, une mise sous séquestre, une ruine. Le Crédit mobilier espagnol, pour éviter cette triste solution, consent à une perte de 15 à 20 millions, sur une créance de 46 millions actuellement exigible.

La perte est bien réelle, car il achète à 196 fr. 67 c. des obligations que, sans l'arrangement projeté, il aurait pu acquérir à la Bourse au-dessous de 100 francs, et qui tomberaient bien plus encore si l'on en venait à une liquidation judiciaire ou administrative ; et l'on veut perpétuer une situation aussi périlleuse !

Permettez-moi d'ajouter que dans le conflit qu'on cherche à élever on oublie entièrement les intérêts des actionnaires, qui seraient entièrement sacrifiés s'il y avait liquidation, comme l'ont été ceux de Graissessac, en France ; les actions de ce chemin ont été réduites à zéro, et les porteurs d'obligations ont perdu la moitié de leur capital.

Or, je ne crains pas d'affirmer qu'il y a à Bordeaux et dans toute la région méridionale de la France, deux fois plus d'actions que d'obligations ; c'est donc un intérêt qu'il faut faire entrer en ligne de compte, et vous rendrez un véritable service à vos nombreux lecteurs en leur fournissant des éléments d'appréciation qui peuvent les guider sur le parti qui leur convient de prendre.

Si vous ne partagez pas mon avis, vous ferez une chose louable en plaçant impartialement sous leurs yeux une opinion qui peut n'être pas la vôtre, mais qui ne mérite pas moins un sérieux examen.

Je termine par une considération que je livre aux méditations de mes co-intéressés.

En s'opposant à des projets qui ont déjà reçu la sanction des principaux intéressés, on s'expose à l'une de ces deux choses :

Ou l'on rendra inutiles les assemblées générales du Nord de l'Espagne et du Crédit mobilier espagnol, convoquées pour les 4 et 6 avril prochains, et alors on rejette tout nouvel arrangement à quatre ou cinq mois ;

Ou bien on entrera en liquidation ; il y aura séquestre judiciaire ou administratif. Le chemin sera vendu.

Dans cette dernière hypothèse, dans quelles mains a-t-il plus de chance de tomber? Dans celles des obligataires isolés ou dans celles d'un gros créancier comme le Crédit mobllier.

Veuillez agréer, etc.

Un porteur d'actions et d'obligations du chemin de fer
du Nord de l'Espagne.

EXTRAIT DU MONITEUR DES INTÉRÊTS MATÉRIELS

du 11 mars 1868.

Nous rendons pleine justice aux intentions des obligataires bordelais. Ils n'engagent pas la lutte par amour de la lutte ou pour satisfaire des rancunes que la chute de grandes puissances financières n'aurait pas apaisées. Le but de leurs efforts est d'obtenir des conditions meilleures pour les intérêts qu'ils défendent.

Supposons un instant, très-gratuitement, qu'il y ait un moyen quelconque de forcer le Crédit mobilier à prendre en payement, au cours de 250 francs, des obligations cotées à 125 francs, quelle serait la situation? Il existerait ainsi 804,900 obligations. Le produit net de 10 1/2 millions, après en avoir déduit 300,000 francs pour opérer l'amortissement par rachat, permettrait de distribuer à chaque obligation un intérêt de 12 fr. 79 c. Le projet de règlement accepté par le comité leur assure 11 fr. 25 c. La différence actuelle serait donc au maximum de 1 fr. 25 c. par obligation.

Mais cette hypothèse est inadmissible. Le Crédit mobilier ne peut pas être contraint à souscrire à la perte de la moitié de son capital, alors que les obligataires ne font pas de leur côté un sacrifice proportionné à celui-là.

Sans doute, nous ne sommes pas partisans de la paix à tout prix. Comme obligataires, nous croyons n'avoir ni le droit, ni le pouvoir de dicter la loi au Crédit mobilier espagnol; nous n'admettons pas non plus qu'il puisse imposer ses volontés aux obligataires; son refus est légitime, lorsqu'on prétend mettre à sa charge, sans en prendre soi-même une part, toutes les conséquences de la communauté de mauvaise fortune.

Le refus des obligataires ne serait pas moins légitime, si le Crédit mobilier avait persisté dans des prétentions exagérées, exclusives, et nctamment s'il avait voulu que les obligataires le reconnussent comme privilégié à leur égard.

Sur cette question de principe, grosse de dangers présents et futurs, le comité belge s'est montré intraitable, il ne s'est pas borné à des paroles; mais par un acte régulièrement signifié à Madrid, il s'est opposé à toute reconnaissance de privilége exclusif, en déclarant qu'au besoi sa résistance irait jusqu'à la mise sous séquestre.

Pour des créanciers, comme pour les nations, la guerre doit avoir une cause juste, être imposée par une nécessité certaine.

Entre la paix à tout prix et la guerre de fantaisie entreprise sans avoir ni la force du droit ni même le droit de la force, il y a un système intermédiaire conforme au bon droit, à l'équité, à l'intérêt sainement entendu des obligataires. Ce système consiste à tenir compte des faits réels, puisqu'il est impossible de les détruire, à n'élever que des prétentions modérées et fondées, à se résigner de part et d'autre aux sacrifices qui sont inévitables, à mettre de côté tout amour-propre d'auteur de projets (et ces procès sont nombreux) pour concilier à la fois les idées et les intérêts.

Aucun projet n'est et ne peut être absolument irréprochable : tous, à côté de certains avantages, peuvent présenter certains inconvénients. Nous n'éprouvons un vif enthousiasme pour aucun de ceux qui nous sont connus. Le meilleur, ou, si l'on veut, le moins mauvais, selon notre conviction, était le projet de la création d'obligations à lots, élaboré et défendu par le comité belge et que nous avons publié il y a plus de deux mois.

Ce projet n'a pas obtenu à l'étranger les honneurs d'une réfutation ou d'un appui sympathique, à défaut duquel il ne pouvait prévaloir. — D'après un autre projet, les obligataires, s'imposant spontanément une forte réduction d'intérêts, auraient, en quelques années, remboursé la dette par compte courant au moyen de l'exécution du produit net, après avoir réglé amiablement les conditions adoucies de ce remboursement. Ces projets et d'autres étaient, non des utopies irréalisables, mais des modes pratiques, rationnels, équitables de résoudre les difficultés actuelles. Les bonnes raisons abondaient pour les défendre contre les objections qui germent toujours à côté des idées.

Le comité belge n'a point persisté envers et contre tous, au risque de compromettre les intérêts qu'il avait pour mission de sauvegarder dans la mesure du possible. Il a examiné si la mesure du projet qui paraît avoir le plus de chances d'établir un accord désirable ne lèse aucun intérêt essentiel, s'il fait une part convenable à chaque catégorie d'ayants droit, s'il crée pour l'avenir une situation normale, une complète sécurité.

Après avoir reconnu que le projet soumis aujourd'hui à l'acceptation des obligataires, bien qu'il ne réalise pas toutes les aspirations, réunit cette triple condition, après avoir obtenu aussi des concessions importantes, le comité a résolu de l'appuyer et d'en recommander l'adoption par les intéressés, car personne ne prétend disposer de leurs droits sans leur assentiment.

Établissons la balance des avantages et des sacrifices pour chaque partie d'après l'arrangement proposé.

Les obligataires et le Crédit mobilier sacrifient le semestre d'intérêt du 1er avril au 1er octobre 1867. L'égalité est parfaite sous ce rapport.

Les obligataires et le Crédit mobilier reçoivent des titres de même nature, dits obligations de priorité : il n'y a, pour personne, de privilége exclusif.

Le Mobilier, qui pourrait s'y refuser, accepte du papier en payement d'une dette par compte courant ; il l'accepte à un cours bien supérieur à la valeur négociable actuelle ; il court les chances de cette réalisation : s'il conserve les titres, il augmente son revenu, mais ses 46 millions 1/2 demeurent immobilisés ; s'il vend (et il peut être forcé de vendre pour mobiliser son capital) les obligations reçues en payement au cours de 196 67, les obligataires pourront aussi réaliser les leurs au même prix ; ils auront ainsi, pour trois obligations de priorité, 590 francs, et conserveront la quatrième, dont le revenu s'accroîtra dans la mesure de l'augmentation du produit net disponible, tandis qu'aujourd'hui leurs quatre titres ne valent guère que 500 francs.

Si le Crédit mobilier, obligé de réaliser, ne peut, au contraire, placer ses titres de priorité qu'à un cours inférieur à fr. 196-67, disons, par exemple à 150 francs, il subira définitivement sur son capital une réduction de 11 millions, soit environ le quart. Les obligataires ne font point, de leur côté, le sacrifice définitif du quart de leur revenu ; ils subissent, à raison d'une nécessité impérieuse, une réduction passagère ; l'accroissement du produit net qui peut être plus ou moins rapide, mais qui est moralement certaine, diminuera d'année en année cette perte de revenu.

La combinaison adoptée établit une sorte de solidarité, puisque des titres de même nature doivent nécessairement avoir la même valeur négociable. Si l'on suppose que le Mobilier espagnol pourra réaliser à 250 francs les obligations reçues à fr. 196-67, il aurait, outre son capial, un bénéfice de 12,644,000 francs ; mais le bénéfice au profit des obligataires serait, en ce cas, de plus de 77 millions. Souhaitons, sans oser l'espérer, qu'après l'échange les titres de propriété se cotent à 250 francs, et que, par conséquent, trois obligations aient une valeur de 750 au lieu de 375, l'avenir du quatrième titre étant réservé.

En réalité, ces trois éventualités sont seules possibles. Ou le Crédit mobilier doit vendre ses titres au-dessous de 196 fr. 67 c., et, loin de réaliser de fabuleux bénéfices, il est constitué en perte ; ou il les réalise à 196 fr. 67 c., et est simplement indemne ; ou il les réalise à un prix plus élevé, et il est en bénéfice ; mais, dans ces deux derniers cas, les autres obligataires obtiendront aussi un bénéfice plus considérable que le sien.

Laquelle de ces éventualités est la plus probable ? Ceux qui prétendent imposer au Mobilier les titres de priorité au cours de 250 francs, les prendraient-ils eux-mêmes au cours de 196-67, correspondant à 147-50 pour les obligations actuelles ? Garantiraient-ils la réalisation à fr. 196-67 ? Et quelles seraient leurs clameurs de haro, si le Nord de l'Espagne, en honnête débiteur, garantissait la réalité et la suffisance de la monnaie qu'il donne ?

En toutes choses, dit un adage, il faut considérer la fin. Si, par malheur, l'opposition au projet de règlement triomphait, s'il était repoussé par les obligataires ou par l'assemblée générale, ou par le gouvernement, qu'arriverait-il ? Les contre-propositions bordelaises seraient-elles adoptées ? Évidemment non ; rien ne serait fait : la première et inévitable conséquence de ce succès serait de prolonger indéfiniment la suppression de tout payement d'intérêts : des procès devant les tribunaux espagnols, la mise sous séquestre administratif, suivie de la vente par adjudication des chemins de fer, en pourraient être les conséquences ultérieures. Nous recommandons aux opposants la méditation du projet de loi présenté aux Cortès, et dont nous avons donné la traduction. Cette situation entraînerait, sinon la perte totale, du moins une dépense énorme du capital des obligataires.

Ceux qui ne connaissent pas l'Espagne, qui n'ont pas étudié les lois espagnoles, ne s'imaginent pas combien seraient longues et difficiles à résoudre, d'après ces lois, les questions de droit entre les obligataires se prétendant créanciers hypothécaires, et le Mobilier se disant créanciers *réfactionnaire* ; ceux-là, mais ceux-là seuls peuvent conseiller de courir ces aventures suivies peut-être d'irréparables désastres.

Les membres du comité belge et du comité international ne sont ni d'innocentes victimes de l'habileté, ni des courtisans de l'infortune. Avant de se prononcer, ils ont mûrement examiné quel est, dans l'état actuel et réel des choses, le véritable intérêt des obligataires. Ils tromperaient leur confiance s'ils n'avaient pas le courage de dire la vérité parce qu'elle est désagréable, de donner un conseil salutaire, et si, au lieu de dissiper de dangereuses illusions, ils concouraient à les entretenir.

EXTRAIT DU MONITEUR DES INTÉRÊTS MATÉRIELS

du 14 mars 1868.

Au moment où tant d'efforts sont faits pour entraîner les obligataires du Nord de l'Espagne à des actes d'hostilité ou d'abstention manifestement contraires à leurs intérêts, il est utile de rappeler les principes que le gouvernement de ce pays entend suivre à l'égard des chemins de fer. Il les suivra sans nul doute, bien que la loi proposée le 22 janvier ne soit pas encore votée : une nécessité d'ordre public l'y oblige ; nous voyons les intéressés l'y convier eux-mêmes.

Donnons la parole aux faits ; voyons, en appliquant les dispositions proposées en Espagne, par quelles phases le Nord passera si l'arrangement soumis aux obligataires ne se réalise pas.

Art. 1ᵉʳ. Lorsqu'une Compagnie ne paye pas les coupons de ses obligations hypothécaires, le gouvernement peut prendre connaissance des livres, des comptes, etc., pour apprécier la situation réelle.

Art. 2. Cet examen est fait par trois commissaires qui, dans le terme de trois à six mois font un rapport.

Art. 3. S'il résulte du rapport que les dépenses dépassent les recettes sans qu'il y ait de vices d'administration, le *gouvernement retient le produit net pour le consigner à la caisse des dépôts ;* il convoque une assemblée générale des actionnaires et des obligataires et les invite à faire, dans les deux mois, une transaction qui rétablisse l'équilibre entre les recettes et les dépenses.

Art. 4 et 5. S'il y a des vices ou abus d'administration, le gouvernement *s'empare immédiatement du produit net pour le consigner à la caisse des dépôts ;* il nomme un nouveau conseil d'administration ; une assemblée générale d'actionnaires et d'obligataires est convoquée dans les deux mois. Si, par la réforme des abus, le payement régulier des intérêts est assuré, l'assemblée élit un conseil. Sinon, le conseil nommé par le gouvernement reste en fonctions, et les actionnaires et obligataires sont invités à faire, dans les deux mois, une transaction conformément à l'article 3.

Ainsi, dans cette première évolution, enquête, destitution éventuelle des administrateurs, fixation d'un délai aux actionnaires et aux créanciers pour établir par un compromis une situation régulière et normale ; mais le produit net, au lieu d'être distribué, passe dans la caisse des dépôts.

Il en sortira un jour sans doute, mais quand ? Comment ? Au profit de qui ?

Art. 6 et 7. Les conventions auxquelles les 2/3 des actions et des obligations donnent leur assentiment sont obligatoires pour tous, si le gouvernement les approuve. Si les actionnaires et les obligataires ne s'entendent pas, ou si le gouvernoment n'approuve pas leurs arrangements, l'autorisation peut être retirée aux Compagnies et la déchéance des concessions peut être prononcée.

C'est la seconde phase. Le gouvernement dit aux intéressés : Transigez, rétablissez par des sacrifices l'équilibre des recettes et des dépenses ; vous avez deux mois pour cela. Si vous ne le faites pas, je puis prononcer la déchéance des concessions.

Art. 9 et 10. L'autorisation étant retirée, le gouvernement prend possession du chemin de fer, il fait évaluer tout l'avoir de la Compagnie déchue, pour le mettre en adjudication publique. Le montant de l'adjudication doit être payé en argent dans les termes fixés par les cahiers des charges : *il est consigné à la caisse des dépôts pour que le tribunal compétent le distribue conformément* AU DROIT.

Art. 11, 12 et 13. Il peut y avoir une deuxième et au besoin une troisième adjudication et la loi établit, en ce cas, des dispositions fort sages, qui protégent les obligataires. Enfin, si personne ne veut du chemin de fer, le gouvernement proposera aux Cortès ce qu'il jugera convenable.

Art. 14. Les tribunaux ne peuvent déclarer la faillite ou la vente des chemins de fer; ils ont uniquement le droit de permettre la saisie arrêt ou exécution sur le produit net de l'exploitation.

En un mot comme en mille, le désaccord entre les actionnaires et les créanciers a pour conséquence fatale la vente aux enchères publiques: le prix est consigné et les plus beaux procès du monde s'engagent devant les tribunaux espagnols sur la distribution entre les créanciers.

Il n'est pas possible de douter que la caisse des dépôts, quels que puissent être les besoins du trésor, accumulera soigneusement pendant l'interminable durée de ces procès et au profit des ayants droits, les intérêts des capitaux qui lui seront confiés: en attendant actionnaires et obligataires ne touchant rien, périront d'inanition et verront descendre rapidement vers zéro la valeur de leurs titres.

La vente aux enchères publiques, résultat direct d'un désaccord prolongé pendant plus de deux mois entre les divers intéressés consommerait certainement la ruine complète des obligataires.

La construction et l'armement des lignes du Nord de l'Espagne ont coûté environ 358 millions; savoir:

1° 200,000 actions de 500,000 fr.	....	100,000,000 fr.
2° Subventions de l'État, environ	....	57,000,000 fr.
3° 618,508 obligations à 250 fr.	....	154,625,000 fr.
4° Dette par compte courant	....	46,500,000 fr.
		358,125,000 fr.

Les 618,500 obligations éparpillées en divers pays entre les mains de milliers de détenteurs ne seraient entièrement payées que dans le cas où la concession se vendrait 200 millions payables en écus à consigner à la caisse des dépôts. Ces milliers de détenteurs ne pourraient se concerter et prévenir leur ruine. Le Crédit mobilier si violemment attaqué aujourd'hui est le seul acquéreur possible; seul il pourrait réunir 100 ou 150 millions et recevoir ensuite, du chef de sa créance, le remboursement partiel du prix d'achat.

Les obligataires auraient peut-être une des écailles de l'huître qui aurait fait l'objet du procès, mais ne pourraient guère espérer mieux.

Les actionnaires n'auraient certainement rien, absolument rien. Si de notre temps on pouvait s'étonner encore de quelque chose, ce serait de

voir des actionnaires demander très-respectueusement et plus étourdi-
ment encore au gouvernement espagnol de mettre les lignes du Nord
sous sequestre. Et cependant cela s'est vu.

Nous engageons les adversaires du projet de règlement à ne pas se
borner à des critiques purement négatives ou à des propositions admises
uniquement par ceux qui les font; mais au contraire à formuler
une solution complète. Pour faciliter cette tâche, nous indiquerons la
voie à suivre. Qu'ils constituent un fonds pour les procès, ne fût-il que
d'une cinquantaine de mille francs pour commencer; qu'ils recueillent
aussi des souscriptions à concurrence de 150 à 200 millions de francs
pour racheter les chemins de fer lorsqu'ils seront mis en adjudication
publique.

En dehors de cela, on peut bien compromettre les intérêts des obligataires ; mais cela seul peut les sauver, si la transaction est rejetée par
suite des protestations ou des abstentions.

Le comité belge des obligataires du Nord de l'Espagne rappelle aux
intéressés que des exemplaires du projet de règlement de la dette de
cette Compagnie sont à leur disposition à Bruxelles, à la Société générale, et à la Banque de Belgique, et en province, chez les agents de la
Société générale.

Après avoir bien examiné l'état réel des choses et après avoir défendu
efficacement les droits des obligataires, le comité estime qu'il est de leur
intérêt d'accepter expressément la transaction proposée. Il renouvelle
cet avis, parce qu'il ne veut assumer en rien la responsabilité morale
des mécomptes ou des pertes que les obligataires subiraient si, par
suite de leur abstention, cette transaction ne pouvait se réaliser.

Bruxelles, mars 1867.

J. MALOU, G. SABATIER, CODDRON, A. DE LAVELEYE.

EXTRAIT DU JOURNAL DES TRAVAUX PUBLICS.

du 8 mars 1868.

Nous avons exposé précédemment les raisons qui nous paraissent devoir conseiller aux porteurs d'obligations du chemin de fer du Nord de l'Espagne, d'accepter les propositions d'arrangement qui ont été concertées entre l'administration de cette Société et le Crédit mobilier espagnol.

Nous ne nous proposions pas de revenir sur ce sujet, mais nous y sommes ramenés par les critiques et les attaques dont le projet de transaction est l'objet, depuis quelques jours, et par le désir de justifier le conseil que nous avons cru devoir donner à ceux de nos lecteurs qui ont des intérêts dans cette affaire.

Entrons dans le vif de la question.

Parmi les opposants à la transaction, il en est qui se fondent sur le droit d'hypothèque que la loi accorde aux porteurs d'obligations, et qui opposent ce droit à tous les raisonnements et à tous les calculs. C'est la base la plus sérieuse de la résistance. — Ils disent aux obligataires : Vous êtes créancier, par première hypothèque ; enfermez-vous dans cette forteresse et rejetez toutes les offres d'arrangement qui vous sont faites.

D'abord cette hypothèque est possible, mais elle n'est pas réalisée ; ensuite, le raisonnement n'a pas toute la portée qu'on pourrait lui attribuer. L'hypothèque, prise par le porteur d'obligation, n'est pas exclusive des autres priviléges qui peuvent exister ; par exemple, du privilége de réfectionnaire, tel que celui réservé aux entrepreneurs et à ceux qui ont fourni les fonds aux entrepreneurs, pour des travaux ayant ajouté au prix de la chose, lui ayant donné sa valeur.

En fait, si le Crédit mobilier espagnol n'avait pas avancé les 46,629,137.39, à l'aide desquels la Compagnie du Nord de l'Espagne a pu compléter l'établissement de son chemin de fer, est-ce que la valeur du gage des obligations serait ce qu'elle est aujourd'hui ? Est-ce que les fonds avancés n'ont pas justement servis à améliorer, à compléter, à établir le chemin, qui est la garantie commune de tous les créanciers ?

Et de ce que le Crédit mobilier espagnol aurait avoué lui-même, à l'époque où il faisait ces avances, que c'était aussi de son propre intérêt de les faire, en résulte-t-il que les obligataires n'en aient pas profité de leur côté, et que le prêteur par compte courant ait perdu la faculté de faire valoir ses droits ?

Le nombre des obligations que la Compagnie pouvait émettre, à la suite des dernières dispositions législatives, étant de beaucoup supérieur à celui des obligations en cours, le Crédit mobilier aurait pu se faire appliquer définitivement celles qui forment la marge, et dont il est nanti. Il ne l'a point fait, parce que, dans l'état d'avilissement où était tombé le prix de ces valeurs, il eût porté à la Compagnie un préjudice irréparable et accompli, en même temps, un acte de mauvaise administration, qu'on lui reprocherait aujourd'hui. Mais enfin le Mobilier espagnol aurait pu se couvrir pour une portion importante de sa créance, par la vente de ces obligations, qui viendraient aujourd'hui au même titre et au même rang que celles dont la prétention à une antériorité de droit est soulevée contre lui.

Ainsi, nous entendons dire tout à la fois : « Le Mobilier espagnol a « avancé au Nord de l'Espagne, parce qu'il ne pouvait pas faire autre- « ment. — Personne autre n'aurait prêté à cette entreprise, si l'éta- « blissement financier qui l'avait fondée lui avait retiré son appui. — « Il est vrai que les avances ainsi faites ont permis d'achever la « construction du chemin et d'arriver à le mettre complétement en « exploitation. » Et puis, par une inconséquence que la passion seule explique, on ajoute que sa créance doit venir la dernière, au risque de ne rien valoir avant nombre d'années, et, par conséquent, d'entraîner la ruine de cette institution.

Cependant, il y a une raison, qui nous semble bien simple et bien claire, pour réfuter ces arguments. Si, par impossible, la caisse de la Compagnie venait à se remplir d'espèces, devrait-elle, oui ou non, payer sa dette au Mobilier immédiatement? devrait-elle attendre pour le payer d'avoir remboursé ses obligations? — Poser la question, c'est la résoudre, et cependant le Crédit mobilier espagnol, en étant payé de la sorte, pourrait fort bien absorber des ressources qui, dans un autre temps, viendraient à faire défaut aux obligataires.

Ce n'est pas avec la rectitude de la raison et de la probité qu'on peut contester les droits de la créance du Crédit mobilier espagnol. Il faut pour cela appeler à son aide les subtilités les plus aggressives et capituler les inspirations de la conscience.

Entrerons-nous dans les arguments de détail qui sont mis en avant par les adversaires de l'arrangement? Nous voudrions pouvoir nous en dispenser, mais il convient d'examiner s'il y a quelque chose de fondé dans certaines objections, d'importance secondaire, mais susceptibles toutefois d'exercer une influence regrettable sur les obligataires.

Les premiers nous avons exprimé l'opinion que la créance du Mobilier aurait dû être convertie pour les trois quarts en obligations de priorité et pour un quart en obligations aléatoires. Mais nous ignorions qu'il avait offert lui-même d'accepter, au prix de 147 fr. 50, 316,130 obligations, semblables à celles en cours, ce qui lui aurait donné droit au même nombre de 237,097 obligations de priorité. Il a donc, en réalité, abandonné à la Compagnie 79,033 obligations de seconde catégorie.

On calcule ensuite que quatre obligations, émises au prix moyen de 252 fr. 70, ont coûté au porteur la somme de 1010 fr. 80, et que le coupon qu'on lui offre n'étant que de 45 francs, cela réduit l'intérêt à quatre et demi pour cent; tandis que le Crédit mobilier, acceptant les obligations de priorité à 196 fr. 67 et n'ayant pas d'obligations de la seconde catégorie, aura un revenu de 7 1/2 pour cent.

Mais ceux qui tiennent ce raisonnement savent bien qu'ils laissent de côté deux éléments de la question. — Le premier, c'est que le revenu de 45 francs pour quatre obligations n'est pas définitif; il faut, en effet, tenir compte également de la quatrième obligation qui, aujourd'hui, n'a pas de coupon à toucher, il est vrai, mais qui, avec le temps, sera servie comme les autres, et peut-être bien plus promptement qu'on ne le suppose, si les négociations en cours avec le gouvernement de Madrid aboutissent, comme tout porte à le croire, à une garantie d'intérêt, au lieu d'un subside en argent. Le second élément, qui est écarté de la discussion par les critiques, et qu'il faut bien avoir présent à la pensée, c'est que le Crédit mobilier espagnol ne prend pas les obligations du Nord de l'Espagne pour les mettre en portefeuille et les conserver.

Un établissement de crédit et d'industrie n'agit pas ainsi, et ce qui importe le plus au Mobilier, c'est de pouvoir rentrer dans la disponibilité de ses capitaux pour les appliquer à d'autres affaires ; par conséquent, il faut qu'il vende, un jour ou l'autre, mais le plus tôt possible. Eh bien, au prix de 196 fr. 67, combien perdrait-il? Nul ne peut en faire le compte à l'avance et d'une manière exacte. Il ne faut pas oublier que les obligations du Nord de l'Espagne ont été émises au prix moyen de 252 fr. 70, elles ne valent aujourd'hui que 125 fr., et l'on a vu le cours de 70 fr.

Ajoutons enfin que depuis tantôt trois années, cette malheureuse créance ayant occupé une portion importante du capital du Crédit mobilier, il a dû laisser passer, sans les mettre à profit, les plus belles occasions de réaliser de fructueuses affaires, et, par conséquent, il a éprouvé un préjudice irréparable.

De ceci, il résulte qu'il n'est pas juste d'affirmer que les obligataires soient seuls lésés dans leurs intérêts, et que le revenu de leurs titres reste fixé à 45 fr. pour quatre titres, soit à quatre et demi pour cent. Il en résulte également qu'il n'est pas exact d'affirmer que le Mobilier espagnol fait une excellente affaire en convertissant sa créance en obligations de 196 fr. rapportant sept et demi pour cent, puisque cet établissement commence par s'appliquer une perte nette de 65 fr. par obligation, au cours du jour ; ce qui équivaut au tiers environ de sa créance.

Une autre objection se produit : celle relative au coupon en retard qui ne serait pas payé, d'après la transaction. Certes, cela est très-regrettable, mais enfin il s'agit de faire un arrangement, ce qui signifie que chacun est tenu de s'imposer un sacrifice, et que l'une et l'autre des parties doivent renoncer à obtenir la totalité de leur droit. La perte d'un coupon, pour les porteurs d'obligations, a sa contre-partie du côté du Crédit mobilier par l'abandon qu'il fait des intérêts de sa créance pendant la même période du 1er avril au 1er octobre, correspondant au semestre non payé aux obligataires.

A peine de recommencer une nouvelle dette par compte courant près du Crédit mobilier espagnol ou de toute autre banque, il faut bien que la Compagnie garde de l'argent qu'elle a mis en réserve depuis un an, pour opérer les réfections de voies qui sont indispensables, et pour constituer le fonds de roulement nécessaire à ses approvisionnements et à ses affaires. Donc, il faut abandonner quelque chose sur ce qui est acquis. C'est le motif pour lequel le projet d'arrangement retranche aux obligataires le coupon d'un semestre et fait perdre au Mobilier un semestre d'intérêt.

Nous connaissons l'état dans lequel se trouve l'affaire au moment où la transaction est offerte aux obligataires. C'est l'état de contestation entre les deux créances, et la suspension du service des intérêts aux uns et aux autres.

On ne peut pas rester dans cette situation ; elle prive les porteurs d'obligations de leurs revenus, elle prive l'établissement financier de la disponibilité de son capital, et il faut donc un arrangement.

Si on ne s'arrange pas, quelle perspective s'offre aux obligataires et aux malheureux actionnaires du Nord de l'Espagne ? La mise sous séquestre, l'exploitation en régie, la liquidation, nous ne disons pas la faillite, quoiqu'elle puisse être prononcée, en attendant le vote de la nouvelle loi qui a été préparée tout exprès pour éviter ces exécutions désastreuses aux Compagnies.

Nous avons l'expérience du sort qui est réservé aux obligataires lorsqu'ils se laissent aller aux séductions des programmes dressés par les sauveurs d'affaires. Nous voyons d'ici les malheureux rentiers porteurs des titres, livrant leurs dépouilles aux syndicats et aux comités qui s'offriront à tout réparer et qui achèveront la ruine de la Compagnie. Nous pressentons les résultats de l'exploitation par un séquestre en nous persuadant que ce séquestre sera choisi parmi les Espagnols n'ayant pas d'intérêts dans la Société, et qu'il ne prendra aucun souci de gérer en bon père de famille. La liquidation, dira-t-on peut-être ? Mais il ne faut pas oublier que ce jour-là l'État viendra aussi faire valoir ses droits, avec l'autorité de la force, et qu'il entendra passer avant tout le monde.

Si grandes qu'aient pu être les fautes qu'on reproche à l'administration d'avoir commises, nous ne voyons rien qui puisse faire désirer que cette administration soit remplacée par les syndicats, les comités de sauveurs, les séquestres et les liquidateurs. Aussi, conseillons-nous de nouveau, aux obligataires, de s'entendre avec leur conseil d'administration et avec le Crédit mobilier.

Une fois la transaction acceptée, les choses changent d'aspect pour tous. La Compagnie se trouve sans créanciers autres que des obligataires, dégagée des faits qui la démoralisent par la menace incessante de sa ruine ; pouvant disposer des ressources qui lui arrivent chaque jour par l'exploitation et de toutes les améliorations que lui réserve l'avenir, soit par les faveurs de l'État, soit par le développement des revenus du chemin. Après dix ans, qui auront permis d'amortir un certain nombre de titres par voie de rachat et de relever les cours, l'amortissement au pair reprendra suivant les prévisions des statuts ; tout sera rentré dans un courant régulier et normal, et si, par l'effet des mesures adoptées avec le gouvernement, pour une garantie d'intérêt, toutes les obligations des deux catégories n'ont pas été ramenées à une condition identique depuis longtemps, elles le seront alors par la loi du développement du trafic.

Il ne faut pas croire, en effet, que la crise commerciale et industrielle qui pèse sur le monde doivent se perpétuer ; les affaires reprendront leur courant, et les chemins de fer espagnols verront leurs recettes grandir.

Les administrateurs auxquels on adresse des reproches souvent exagérés et empreints de passion, auront à honneur de mettre à profit l'esprit de concorde des obligataires et des actionnaires, ainsi que la faveur des circonstances, pour relever leur entreprise et réparer, avec le temps, les sacrifices que se seront imposés les parties intéressées. Cette pensée nous détermine encore à exhorter nos lecteurs à la conciliation, à la transaction.

EXTRAIT DU JOURNAL DES TRAVAUX PUBLICS.

du 15 mars 1868.

Nos lecteurs nous excuseront de revenir sur le sujet de la transaction proposée aux obligataires du Nord de l'Espagne pour le règlement de la créance du Crédit mobilier espagnol.

Les adversaires de l'arrangement ne désarment pas devant les démonstrations les plus catégoriques de sa convenance intrinsèque et des graves conséquences indirectes que peut porter en lui le maintien du *statu quo*, et que ne manquerait pas d'engendrer une solution violente. — Quelques-uns mêmes poussent à une solution de ce genre et réclament le séquestre; ils veulent fournir eux-mêmes, au gouvernement espagnol, l'occasion, le prétexte de mettre la main sur les biens de la Société et sur ses revenus, de provoquer la vente du chemin de fer et d'en retenir le prix indéfiniment. — Or, comme toutes les entreprises de chemins de fer, en Espagne, sont dans une situation à peu près identique, c'est une catastrophe qu'il s'agit de provoquer.

Nous nous sommes expliqués sur le caractère, la portée et le résultat inévitable de la lutte qui s'est engagée; nous n'y reviendrons pas. Mais nous ne laisserons point passer, sans réponse, les paradoxes et les sophismes qui sont présentés aux intéressés, sous les apparences de la raison et de l'équité.

Suivant les contradicteurs, il n'y a pas lieu, dans l'appréciation de l'arrangement, à tenir compte de la perte que le Mobilier espagnol assume, en acceptant au prix de 196 francs des obligations dont le cours est de 125 francs, parce que les titres qui se négocient à ce prix ne sont point comparables à ceux que le Mobilier recevrait. La valeur des obligations, ajoutent-ils, est aujourd'hui rendue précaire par la contestation qui existe, tandis que les titres qu'il s'agit d'attribuer au Mobilier auront un droit de priorité.

Mais ce raisonnement tombe devant l'offre qui a été faite par le créancier, et que nous avons rapportée précédemment, celle d'accepter au prix de 147 fr. 50, c'est-à-dire à un prix encore de beaucoup supérieur au cours, le nombre de 316,130 obligations identiques par leur rang et leurs droits, à celles qui sont dans la circulation ; cette offre, en effet, plaçait tout le monde sur le pied de l'égalité.

Eh bien, on arriverait au même résultat, nous l'avons démontré, et par conséquent il est, on ne peut plus rationel et juste de tenir compte de la perte, sur capital, résultant de la transaction, pour le Crédit mobilier espagnol. Une seule raison pourrait prouver qu'il n'en faut pas tenir compte, ce serait le cours de 196 francs s'il existait.

Mais voyez à quel point, dans cette controverse qui aurait pu être si simple, les animosités ont pris la place de la froide raison qui seule permet de juger sainement les difficultés d'intérêt. On paraît ne pas vouloir admettre à la discussion ceux qui trouvent la transaction bonne pour la masse des obligataires du Nord de l'Espagne, comme ils la trouvent une solution acceptable pour la masse des actionnaires du Mobilier espagnol, de laquelle ne sont pas exclus les actionnaires du Mobilier français, puisque ils possèdent une forte portion des actions du Mobilier espagnol.

Est-ce à dire que la cause des obligataires du Nord de l'Espagne et celle des actionnaires des deux établissements financiers ne soient pas, en définitive, la cause du public, pour lequel seul les journaux doivent être écrits ?

Nous avons émis l'opinion que le privilége s'attachant aux travaux de parachèvement du chemin de fer, et aux capitaux qui les ont payés, pouvait bien être opposé au droit d'hypothèque théorique des obligations, et nos contradicteurs blâment cette pensée en termes tels que l'on serait tenté de croire qu'il s'agit d'une présomption sans fondement, et non pas d'une disposition tutélaire qui a été empruntée au Code Napoléon par les législations de la plupart des pays.

La preuve que ce n'est point pour les besoins de la discussion que le privilége, dont il s'agit, a été invoqué, c'est que le Mobilier espagnol représente comme titres composant sa créance les reçus mêmes des entrepreneurs et fournisseurs payés par lui, au lieu et place du Nord de l'Espagne.

La situation qui nous occupe actuellement n'est pas sans précédent, comme le ferait supposer tout ce qui s'écrit contre le projet de transaction. Le Mobilier français, par exemple en 1855 et 1856, a été créancier par compte courant, de 16 à 17 millions, vis-à-vis de la Compagnie du Midi qu'il patronnait et qui avait à poursuivre ses travaux, dans un moment où l'émission de ses obligations n'était pas possible. Est-il jamais venu à l'idée des obligataires de ce chemin, de prétendre que leurs droits fussent antérieurs et supérieurs à ceux du créditeur par compte courant? Est-ce que la Compagnie des Lombards, lorsqu'elle a éprouvé des difficultés pour continuer le placement de ses obligations, a arrêté ses travaux ? Ne les a-t-elle pas, au contraire, continués à l'aide des avances de son banquier, et celui-ci n'a-t-il pas été couvert, plus tard, du montant desdites avances, à l'aide des bons qui sont bien autrement favorisés que les obligations de priorité.

Enfin, n'est-il pas de notoriété que la Compagnie du Saragosse se trouve vis-à-vis de son banquier, et pour des motifs identiques, dans la même situation que le Nord de l'Espagne vis à-vis du sien. — Ne doit-on pas prévoir le moment prochain où il faudra régler aussi cette dette par quelque combinaison de titres réalisables.

Si, comme on le leur reproche, le Crédit mobilier espagnol et les administrateurs du Nord de l'Espagne pressaient le gouvernement de Madrid d'élargir le cadre des émissions d'obligations, à mesure que le chiffre des dépenses prévues était dépassé, eh! mon Dieu, ils le faisaient justement pour sortir le plus tôt possible, et le moins mal possible, de la situation précaire faite au chemin de fer par une dette flottante dangereuse pour tous les deux ; et si plus tard ils se sont arrêtés dans la vente des titres, parce que l'abaissement des cours le leur commandait, comme mesure de sagesse et de bonne administration, est-il raisonnable, est-il bienséant de prétendre aujourd'hui que la modération du Mobilier espagnol ait infirmé son droit?

On ajoute, et vraiment nous nous demandons si c'est sérieusement, que, si le droit du Mobilier est fortement établi, il ne devrait pas chercher à l'échanger contre un autre moins bien privilégié. Ne disait-on pas, en vérité, qu'une institution de Crédit mobilier n'existe que pour immobiliser son capital. Mais les contradicteurs savent bien que la réponse est toute faite d'avance à leur objection. Cette réponse, la voici : payez-nous en espèces, si vous le pouvez, et nous serons heureux de ne prendre ni obligations de priorité ni obligations différées. Mais, si vous ne pouvez pas nous payer en espèces, réglons, et donnez-moi pour cela du papier que je puisse réaliser. C'est le langage de tout créancier à un débiteur embarrassé.

Un mot encore, et nous aurons bientôt fini. Dans tous leurs discours, dans tous leurs écrits, les adversaires de la transaction raisonnent comme s'ils n'avaient en face d'eux que les fondateurs des deux Mobiliers et de la Société du Nord de l'Espagne. L'hostilité qu'ils dirigent contre ces derniers est-elle fondée, ne dépasse-t-elle pas les bornes de la modération et de l'équité? Ce sont des questions que nous ne voulons pas examiner. Ce qui nous préoccupe, c'est que dans cette mêlée, ceux qui reçoivent les coups ne prennent point part à l'action, et composent la masse passive des porteurs de titres.

Ceux-là nous intéressent et, disons-le, ils montrent bien moins de rigueur envers les auteurs du projet de transaction. Placés en dehors de la sphère où se passe la lutte des partis financiers, ils n'en partagent pas les passions. — Ils se disent qu'on a bien pu commettre quelques erreurs, même considérables, dans les évaluations relatives aux dépenses de construction et aux produits des chemins de fer en Espagne, lorsque de si graves erreurs de dépenses ont été commises à l'égard des chemins français, et tant de déceptions encourues dans les prévisions de produits pour toutes les lignes étrangères.

Nous raisonnons avec eux, comme eux et pour eux. Aussi protestons-nous contre la déplorable campagne qui tend à rendre impossible la transaction.

Nous savons où elle conduira les obligataires comme les actionnaires, si le compromis n'aboutit pas : c'est le sequestre, c'est la mise aux enchères des chemins, c'est le gouvernement exerçant ses reprises, c'est la ruine pour tous ceux qui ont placé leurs épargnes dans les chemins espagnols, car pas un d'eux n'échappera au sort que les passions et les antagonismes des partis financiers leur auront préparé.

EXTRAIT DU JOURNAL FINANCIER

du 8 mars 1868.

Lorsqu'on examine la proposition soumise en ce moment aux obligataires du chemin de fer du Nord de l'Espagne, il ne faut pas perdre de vue la situation dans laquelle se trouvait cette compagnie, situation très-perplexe, puisqu'elle pouvait aboutir à une faillite qui aurait été la ruine des actionnaires et qui aurait soumis créanciers et obligataires à une succession sans fin de mécomptes, de délais, d'ennuis. Bon nombre d'entre eux auraient pu être, sous cette influence, poussés à réaliser leurs titres dans les plus désastreuses conditions.

Et cependant il s'agissait d'une affaire qui, au milieu de sa pénurie, donnait encore 10 millions 1/2 de produit net par an. Ce résultat bien constaté a ranimé le courage de ceux qui ont entrepris de sauver cette affaire ; il a servi de base à la combinaison dont nous avons déjà exposé l'économie. La plupart des intéressés semblent aujourd'hui comprendre que leur salut commun dépend de leur entente et que le sacrifice demandé à chacun d'eux est peu de chose, comparé à la restauration d'une affaire dont le maintien leur importe au premier chef.

Tout d'abord les obligataires sont assurés, par l'état actuel des produits du chemin, de recevoir régulièremeut les intérêts de trois obligations sur quatre, dont la *priorité* passe avant tout. Quant à la quatrième obligation, le service de ses intérêts est subordonné au développement des produits du chemin.

D'après ceci, on voit qu'il est demandé aux obligataires un sacrifice plus ou moins momentané de 25 0/0 sur leurs revenus. La transformation de l'amortissement, qui, pendant dix ans, s'effectuera au moyen de rachats à la Bourse, apporte auxdits obligataires la perspective d'une amélioration dans les cours de leurs titres qui contribuera à effacer la perte de capital que les prix où elles étaient tombées leur faisaient subir.

Cet amortissement s'effectuera au profit des obligataires à revenu variable de même qu'au profit des obligations de priorité.

Pour ce qui concerne le Crédit mobilier espagnol, il nous semble juste d'examiner la situation sans aucun parti pris. Nous n'avons aucun entraînement pour cette institution; nous avons eu déjà l'occasion de le dire, l'expérience a prononcé sur ces sortes d'entreprises qui n'ont pu marquer leur place dans le mouvement des affaires.

Le temps des Crédits mobiliers est passé : cela n'empêche pas de reconnaître que le Mobilier espagnol représente des intérêts très-légitimes : que son capital a été versé par des actionnaires qui ont droit, tant que l'affaire existe, à voir leurs intérêts défendus tout aussi bien que ceux de n'importe quelle autre entreprise. Les capitaux de ces actionnaires ont été prêtés à la Compagnie du Nord de l'Espagne non pas pour être absorbés par elle, mais pour lui apporter un concours momentané. Dans quelle circonstance ce concours a-t-il été prêté, ces capitaux ont-ils été versés ? alors que le crédit du chemin de fer du Nord de l'Espagne était tombé tellement bas qu'il ne pouvait songer à émettre aucune obligation. Le Mobilier espagnol devait compter sur un remboursement prochain : il n'avait pas l'intention de souscrire d'obligations : aujourd'hui il consent à être réglé de cette façon. Mais, en acceptant cette transaction, n'est-il pas en droit de faire valoir cette considération, que, lorsqu'il a prêté son argent, les obligations valaient 150 francs, 120 francs, 100 francs et peut-être moins ? Sa situation ne peut donc être réglée sur le même pied que celle des obligataires qui sont entrés dans l'affaire alors qu'elle présentait des perspectives plus rassurantes.

Le Mobilier espagnol ne reçoit que des obligations de *priorité*, cela est vrai, mais il les prend au prix de 196 fr. 67. N'y a-t-il pas dans cet arrangement de légitimes compensations ? Personne ne pouvait forcer les actionnaires du Mobilier espagnol à accepter un règlement à long terme qni aurait entravé la marche des opérations ultérieures de l'entreprise et empêché peut-être sa liquidation, dans le cas bien désirable où le bon sens de ses administrateurs leur ferait reconnaître qu'il serait dangereux de vouloir recommencer l'œuvre impossible du Crédit mobilier français.

Reste les actionnaires. Quels avantages trouvent-ils dans cette combinaison ? Le plus palpable consiste dans l'armortissement fait par voie de rachat à la Bourse, substitué pendant dix ans à l'amortissement au prix de 500 francs : procédé qui ne doit plus grever le capital social d'une dépense aussi élevée que celle qui lui incombait de ce fait. Cet avantage, à peu près négatif, lèse-t-il les obligataires ? Évidemment non, puisque le rachat ne pourra être appliqué qu'à des obligations qui se présenteront sur le marché et puisqu'il aura pour conséquence inévitable d'amener la hausse générale de ces obligations.

Il faut bien admettre que si les actionnaires avaient été laissés complétement en dehors des combinaisons qui se poursuivent, ils n'auraient eu aucun intérêt à intervenir et à apporter leur concours à un arrangement sans portée pour eux.

D'ailleurs, quel que soit l'intérêt que présentent les obligataires, nous ne saurions oublier que les actionnaires sont aussi quelque peu dignes de l'attention des journaux qui s'occupent d'affaires financières. Nous ne saurions trancher cette grave question aussi lestement que certain de nos confrères qui, en parlant de la déchéance, de la faillite dont la compagnie était menacée, s'écrie :

« Si le prix de vente couvrait les obligataires, ceux-ci étaient désintéressés. Si le prix ne les couvrait pas, les obligataires achetaient nécessairement le chemin sans bourse délier. Pour 150 millions, prix de leurs titres, ils avaient une valeur ayant coûté plus de 300 millions, ils devenaient de véritables actionnaires............ ....Les anciens actionnaires ayant disparu, les anciens obligataires, devenus à leur tour actionnaires, auraient eu en perspective tous les bénéfices futurs du chemin. »

Nous croyons que tous les intérêts se trouvent également sauvegardés par l'arrangement qui est aujourd'hui soumis à l'assentiment des obligataires et qui a déjà recueill un grand nombre d'adhésions.

EXTRAIT DU JOURNAL LE CRÉDIT PUBLIC.

du 29 février 1868.

Nous appelons tout particulièrement l'attention du lecteur sur la note que nous publions plus loin au sujet du projet de règlement de la dette du Nord de l'Espagne, qui doit être soumis à l'assemblée prochaine des actionnaires, à Madrid. Ce projet, conforme de tous points à ce que nous en avions dit il y a quelque temps, se présente dans de telles conditions d'équité, et ses avantages sont si palpables, qu'il n'est personne parmi les intéréssés qui ne s'empresse d'y adhérer. Déjà un grand nombre d'obligataires ont donné leur adhésion, nous dit le comité international composé, comme on sait, d'hommes des plus honorables parmi les obligataires français et belges.

Il n'échappera sans aucun doute à personne que le principal avantage de la combinaison proposée est d'unifier la dette de la Compagnie en faisant disparaître les causes de compétition qui sont un danger permanent pour la Compagnie. La consolidation de la créance du Mobilier espagnol était devenue indispensable, et les porteurs d'obligations comprennent parfaitement qu'il est de leur intérêt d'adhérer aux conditions d'admission de la dette flottante qui les prime. En agissant ainsi, ils écartent toute éventualité de poursuites qui auraient amené la ruine certaine de l'entreprise et celle même des obligataires. On l'a toujours dit d'ailleurs : un accommodement vaut mieux qu'un bon procès.

On observera, en outre, que la créance du Mobilier espagnol a été placée dans des conditions identiques à celles des obligations dont le coupon du 1er avril au 1er octobre 1867 n'a pas été payé. C'était justice d'établir cette parfaite égalité.

Le prix de 196 fr. 67, appliqué à 237,097 obligations données au Mobilier espagnol en payement de sa créance, résulte des arrangements suivants :

Le Crédit mobilier espagnol acceptait en payement, au prix de 147 fr. 50, 316,130 obligations semblables à celles actuellement en circulation; mais il consentait à faire l'échange de ces obligations contre des obligations nouvelles, à raison de quatre obligations anciennes pour trois obligations de priorité.

Il renonçait à recevoir la part d'obligations à revenu variable à laquelle il avait droit d'après les bases de conversion appliquées aux obligations en circulation.

Cet abandon qui représente un revenu prochain de 1,185,480 francs, augmentera la part des obligataires et hâtera le moment où les actionnaires pourront commencer à jouir de l'augmentation des recettes.

La suspension, pendant dix années, de l'amortissement ordinaire, et son remplacement par des rachats faits à la Bourse de Paris, ont l'avantage de ne pas charger outre mesure la Compagnie pendant cette période jugée nécessaire pour qu'elle atteigne son complet développement; de plus, ce mode d'amortissement sera bien plus efficace pour la bonne tenue des cours.

Il ne faut pas perdre de vue non plus qu'un des mérites de la combinaison est d'équilibrer les produits du chemin et les charges de la Compagnie.

Nous devons rappeler également que le projet proposé à l'adhésion des intéressés permet de reprendre, dès le mois d'avril prochain, un payement régulier des intérêts de la dette et qu'il assure à *trois* obligations sur *quatre* l'intérêt ordinaire, soit 45 francs, en laissant à la quatrième le reste des produits nets jusqu'à concurrence de 15 francs. En somme on est assuré ainsi de toucher plus de trois quarts de l'ancien revenu, avec accroissement progressif jusqu'au jour du retour à l'état normal.

A quelque point de vue que l'on se place, si l'on veut examiner le projet avec bonne foi et sans parti pris, on reconnaitra qu'il était difficile de trouver une solution à la fois plus équitable et plus simple. Ce projet d'ailleurs a été l'objet de longues conférences entre les divers intéressés, et il a reçu l'approbation des Conseils d'administration des deux Sociétés; partout il a paru de nature à mettre fin à une situation pénible. C'est pourquoi nous croyons devoir engager fortement les porteurs de ces obligations à donner promptement et sans retard leur adhésion.

EXTRAIT DU JOURNAL LE CRÉDIT PUBLIC

du 7 mars 1868.

Tout le monde connaît aujourd'hui le projet de règlement de la dette du Nord de l'Espagne ; nous en avons reproduit le texe dans le *Crédit public* du 29 février dernier. Ce projet, dont les arrangements équitables et la facile application pratique ont été généralement appréciés avec la faveur que mérite une aussi heureuse combinaison, a soulevé cependant des objections et des critiques dont l'examen conduit à reconnaître que leurs auteurs ne se sont pas rendu un compte bien exact de la situation.

La plupart de celles que nous avons vues ou reçues, sincères ou non, celles surtout qui ont fait le plus de bruit, pèchent par la base ; leur point de départ est erroné. Il suffira sans doute d'expliquer la situation réelle pour montrer ce qu'il y a de spécieux et de non fondé dans les objections présentées.

Nous disons que le point de départ des critiques est erroné. En effet, on cherche à contester la légitimité de la créance du Mobilier espagnol. On oublie trop ici quelle était la situation ; nous la rappellerons succinctement.

Par suite des circonstances que chacun sait, les prévisions des devis ont été mal établies, comme cela est arrivé d'ailleurs pour tous les chemins de fer, et le coût des travaux a dépassé de beaucoup ces prévisions. C'est justement sur ce fait que s'appuient les réclamations de la Compagnie au gouvernement espagnol. En attendant, et quelle que soit l'issue de ces réclamations si fondées, il n'en fallait pas moins achever le chemin sous peine de laisser tomber la concession en déchéance, et pour cela, il fallait se procurer les fonds nécessaires. Mais la Compagnie avait épuisé déjà son droit d'émettre des obligations. Eût-elle eu toutefois la faculté d'en émettre encore, le prix auquel ces titres étaient descendus ne permettait pas d'en faire la négociation. Il y avait donc urgence à aviser. C'est alors que l'on s'est adressé au Mobilier espagnol pour les 46 millions dont on avait besoin pour achever le chemin et remplir les engagements imposés par le cahier des charges. Après mûre délibération, le Mobilier espagnol a consenti à prêter ces 46 millions.

Est il besoin de faire remarquer que cette négociation étant toute à l'avantage du Nord de l'Espagne, les actionnaires de cette Compagnie n'ont, en aucune façon, à se plaindre de leurs administrateurs? Ces derniers ont effectivement réussi, dans une circonstance assurément critique, à sauvegarder les intérêts de la Société. Que les actionnaires du Mobilier espagnol se montrent mécontents de ce que leur conseil a, ce jour-là, immobilisé une forte partie de leur capital, cela se concevrait; mais là n'est pas la question : il ne s'agit ici que du Nord de l'Espagne et, nous le répétons, ce dernier a eu tout le profit d'une opération qui le sauvait d'une ruine complète et imminente. C'est là un fait constant contre lequel les affirmations contraires ne peuvent prévaloir.

Donc, si jamais créance fut légitime, c'est assurément celle du Mobilier espagnol.

Nous venons de montrer combien peu les actionnaires du Nord de l'Espagne seraient fondés à récriminer; il est aisé de voir que les obligataires eux-mêmes n'ont pas lieu de se plaindre davantage.

Est-ce en effet sérieusement que l'on vient dire que les droits des obligataires sont sacrifiés, et que la part est faite trop belle au Mobilier espagnol? Il n'est pas de personnes jugeant sainement et sans passion qui puisse admettre une pareille objection.

Les bases de l'arrangement proposé n'ont-elles donc pas été débattues et discutées consciencieusement et avec maturité? Un fait fera ressortir tout le soin et la délicatesse apportés dans ces discussions par le Conseil du Nord de l'Espagne : les membres qui appartenaient aux deux Conseils du chemin et de la Société créancière se sont abstenus; ce sont les administrateurs libres qui ont seuls adopté le projet comme présentant la solution la plus équitable et la plus pratique.

Et d'ailleurs quel est le droit strict et incontestable du Mobilier espagnol ? Il peut demander et exiger son remboursement immédiat en espèces. Sa créance est légitime ; elle est, en outre, privilégiée. La loi espagnole lui reconnaît et lui assure ce caractère par la raison que les fonds qu'il a ainsi prêtés ont eu pour destination l'achèvement, l'entretien, la conservation du gage commun aux créanciers.

Dans cette situation si forte en droit et en fait pour le Mobilier espagnol, pourrait-il se trouver un seul porteur d'obligations assez dénué de sens pour s'embarquer dans un procès insoutenable et perdu d'avance ?

La nécessité d'une transaction est surabondamment démontrée.

Mais, dit-on encore, le projet d'arrangement est favorable au Mobilier espagnol.

Voyons donc ce qu'il y a de si favorable pour le Mobilier espagnol dans l'arrangement proposé.

Le Mobilier espagnol, qui pourrait exiger le payement immédiat en espèces, consent à être payé en obligations. Première concession et non avantage.

Les obligations valent aujourd'hui 126 fr. 25 ; elles valaient moins au jour de son acceptation de l'arrangement ; et pourtant il les prend à 196 fr. 67. Deuxième concession, véritable sacrifice ; ce n'est certainement pas encore là un avantage pour lui.

Ce sacrifice, il est aisé d'en déterminer l'importance. Il suffit de remarquer que la créance du Mobilier espagnol se trouvera réglée en 237,097 obligations au prix de 196 fr. 67 l'une, alors qu'il aurait pu exiger le prix du jour, soit 126 fr. 25 par exemple, si l'on prend le cours actuel. Cette concession de sa part lui coûte bel et bien, à raison de 70 fr. 42 par titre, la bagatelle de 16,696,370 fr. 74. Il sacrifie ainsi plus du tiers de sa créance et cela définitivement, irrévocablement, tandis que les obligataires n'ont à subir qu'un simple ajournement d'un quart de la leur. Singulière manière, on l'avouera, de favoriser une société au détriment de l'autre ! L'avantage, et il est réel et sérieux, est tout pour le Nord de l'Espagne, qui paye ainsi sa dette avec un nombre de titres bien moins considérable. Le présent et l'avenir sont donc ménagés. Ainsi tombe l'objection qui consiste à dire que ce mode de règlement grève l'avenir.

Mais, objecte-t-on encore, car on ne se rend pas si facilement, le Mobilier espagnol n'est pas soumis au régime de la quatième obligation à revenu variable. Cela est vrai. Mais on oublie le prix auquel il prend les obligations. Nous avons expliqué, dans notre article du 29 février, que ce prix correspond au cours de 147 fr. 50 par obligation ancienne, avec abandon de la quatrième obligation.

On le voit, la combinaison adoptée répond, dans chacun de ses détails, à toutes les exigences de l'équité. Bien plus, elle n'a été rendue possible que grâce aux sacrifices successifs consentis par le Mobilier espagnol.

Le Mobilier espagnol aurait pu exiger son remboursement immédiat en espèces : il consent à recevoir des obligations.

Il lui est dû 46 millions : il consent à n'en recevoir que 30, valeur actuelle.

N'est-ce donc pas assez de concessions comme cela?

En voici pourtant une autre, découlant des premières.

Au prix actuel de 126 fr. 25, quatre obligations représentent 505 francs. Si on ne donne de valeur réelle qu'aux obligations de priorité, — et en calculant ainsi, nous faisions la part belle à la critique, — on trouve que cette somme fait ressortir chacune d'elles à 168 fr. 33, et cependant le Mobilier espagnol paye les siennes 196 fr. 67.

On le voit, dans l'arrangement projeté, le Mobilier espagnol est loin d'être favorisé; il apparaît, au contraire, que c'est lui qui en fait les frais.

Est-ce bien tout et ne laissons-nous sans réponse aucune objection?

Ah! on a cherché à mettre en parallèle les obligataires qui ont acheté leurs titres 250 francs et le Mobilier espagnol qui paye les siens 196 fr. 67. Ce n'est pas là, à vrai dire, une objection; mais il convient de répondre à l'observation dont le côté spécieux pourrait égarer bien des gens. Où est le sacrifice? L'obligataire acheteur a payé au prix d'alors, comme il peut acheter même à 78 francs ; il s'est trouvé en présence des prix courants et des chances bonnes ou mauvaise de l'avenir. Le Mobilier espagnol, au contraire, s'impose un sacrifice considérable, nous l'avons déjà dit, en prenant à 196 fr. 67 ce qui ne vaut aujourd'hui que 126 fr. 25.

Voilà, réduites à leur valeur, les objections faites au projet de réglement de la dette du Nord de l'Espagne. Il reste acquis, comme nous l'avons fait précédemment ressortir, que ce projet, laborieusement étudié et discuté, présente l'avantage de mettre un terme à la crise actuelle, d'arrêter la continuation de spéculation sur les embarras momentanés de la Compagnie, de rendre leurs revenus aux porteurs d'obligations, enfin d'empêcher la ruine des actionnaires en faisant disparaître toute cause de mise sous séquestre.

Telles sont, en résumé, les considérations qui nous portent à engager fortement les obligataires du Nord de l'Espagne à adhérer et à faire adhérer promptement au projet d'arrangement que nous avons fait connaître. L'abstention serait un mauvais calcul, plus que cela, une faute. Il convient d'envoyer sans retard les ahdésions, afin que, aussitôt après le vote des assemblées générales et l'approbation du gouvernement espagnol, le payement des intérêts puisse être repris.

EXTRAIT DU JOURNAL LE CRÉDIT PUBLIC

du 14 mars 1868.

> Parbleu! dit le meunier, est bien fou du cerveau
> Qui prétend contenter tout le monde et son père.

Cette réflexion du fabuliste vient ici comme de cire, en présence des opinions diverses qui se manifestent sous forme d'objections, de critiques, de clameurs même, à propos du projet de règlement dont nous avons déjà entretenu nos lecteurs,

Ainsi une situation pleine d'embarras étant donnée, il s'agit d'y porter remède au plus tôt et dans les meilleures conditions possibles. Le problème à résoudre se présente avec des difficultés qui le compliquent et qui en rendent la solution laborieuse. La compagnie des chemins de fer du Nord de l'Espagne, après avoir employé à l'établissement de ses lignes tout son capital, actions, subventions et obligations, se voit en face de dépenses plus fortes qu'on ne l'avait prévu. « La Compagnie, est-il dit dans le rapport officiel de la commission du congrès en 1865, la Compagnie, à l'époque de sa constitution, avait non-seulement un capital suffisant pour, d'après le devis officiel, terminer ses travaux, mais elle possédait, en outre, un excédant de 171,613,265 réaux, qui devait lui permettre de faire face à toutes les éventualités... Cependant ce capital social n'a pas été suffisant pour rectifier les erreurs commises dans le devis primitif, puisque les dépenses totales de la construction s'élèvent à 1,361,821,000 réaux, tandis que le devis primitif est de 613,479,637 réaux. Cette immense différence tient à des causes nombreuses dont la Compagnie ne peut être uniquement responsable. *Ainsi il y a les erreurs de nivellement et de tracé commises dans le projet officiel et dont la responsabilité ne peut, en aucune façon, peser sur l'entreprise.* »

Au moment même où se tenait l'assemblée du 17 juin 1865, le congrès approuvait la loi déjà votée par le Sénat, qui autorisait la Compagnie à faire une émission supplémentaire d'obligations. La Compagnie allait pouvoir se libérer ainsi de sa dette flottante, car elle avait dû recourir au crédit pour achever son œuvre et le Crédit mobilier espagnol lui avait déjà avancé libéralement plus de 26 millions de francs.

Mais le 20 juin 1866, lors de l'assemblée suivante, la Compagnie était toujours dans la situation de débiteur vis-à-vis du Mobilier espagnol. Les circonstances ne lui avaient pas permis d'user de la faculté d'émettre de nouvelles obligations que lui accordait la loi. Par suite de la crise qui frappait l'Espagne, l'émission n'aurait pu se faire qu'à des conditions désastreuses. L'intensité de la crise redoublait. L'État lui-même ne pouvait appliquer la loi qui avait pour but de prêter aux compagnies des titres d'obligations de l'État contre dépôt de leurs propres obligations. Force fut donc à la compagnie du Nord de l'Espagne de solliciter la continuation du bienveillant concours du Mobilier espagnol jusqu'au moment où les circonstances redeviendraient favorables.

On retrouve l'année suivante (rapport du 21 juin 1867) la compagnie dans une situation qui ne s'est pas améliorée, loin de là. Son débit s'est accru, notamment des intérêts de la dette.

Ainsi de l'ensemble de ces faits authentiques, connus de tous, indéniables, il résulte que, sans l'appui constant que lui a prêté le Mobilier espagnol, la compagnie du Nord de l'Espagne n'aurait pu achever ses travaux, tenir ses engagements, échapper à une ruine qui semblait inévitable, traverser les crises financières ou politiques, enfin atteindre le moment actuel.

Il était nécessaire de rappeler ici tout ce passé, afin de rétablir dans son intégrité une situation que l'esprit de parti se plaît à dénaturer en jetant le trouble et la confusion sur un marché depuis longtemps ébranlé. Il nous semblait d'ailleurs indispensable de constater ici, une fois pour toutes, la légitimité indiscutable de la créance du Mobilier espagnol. Là, en effet, est le nœud de la question. Une fois les droits de cette créance mis en parfaite évidence, la nécessité de l'arrangement projeté ne peut plus faire doute ; les objections et les critiques tombent d'elles-mêmes.

Dans l'impossibilité de s'en prendre à la légitimité de la créance, voudrait-on en contester le caractère? Là encore les adversaires se placent sur un terrain sans solidité. Ils oublient ou feignent d'oublier que le Crédit mobilier espagnol est aux droits des entrepreneurs et fournisseurs qu'il a payés de ses deniers pour le compte du Nord de l'Espagne. Or, personne ne peut nier que les créances de ces entrepreneurs et fournisseurs ne soient privilégiées. Que le Mobilier espagnol soit donc prêteur direct ou qu'il soit aux droits des entrepreneurs, il n'en a pas moins une situation forte et inattaquable. Il est ce que la loi espagnole appelle créancier *réfactionnaire*, et sa créance, ainsi que nous l'avons dit samedi dernier, prime les obligations.

Ce serait en vain, au surplus, que ces obligations invoqueraient les termes des articles 61 à 66 de la loi hypothécaire ; ces articles ne leur sont pas applicables, puisqu'il faudrait que leur créance eût été préalablement inscrite sur les registres de la propriété, ce qui n'est pas, quant à présent du moins. Donc dans l'espèce, et c'est l'avis des principaux jurisconsultes de Madrid, le caractère *réfactionnaire* de la créance du Mobilier espagnol est parfaitement établi et tout procès qui s'établirait contre ce droit serait un procès perdu. Ceux des obligataires qui pourraient être tentés de se laisser influencer par des propositions processives feront sagement de s'abstenir et de repoussssr ces provocations s'ils ne veulent pas s'exposer à des frais considérables autant qu'inutiles.

Et à ce propos disons ici qu'il est également sage ou de bien méditer le projet de loi présenté aux Cortès et dont nous avons donné la traduction dans le *Crédit public* du 8 février dernier. L'insuccès de l'arrangement actuellement proposé à l'adhésion des obligataires aurait pour résultat immédiat et immanquable la suppression de tout payement d'intérêts, des procès devant les tribunaux espagnols, la mise sous séquestre suivie de la vente par adjudication des chemins de fer, en somme la ruine certaine et irréparable de tous les intérêts engagés.

C'est à ces intérêts à se montrer sages et intelligents et à n'écouter ni la passion mauvaise conseillère, ni la spéculation avide. Qu'ils fassent appel à la saine raison et ils reconnaîtront sans peine que, si personne ne peut contraindre les obligataires à souscrire à la perte d'une partie de léurs droits. ceux-ci ne sont nullement fondés à dicter la loi au Crédit mobilier espagnol et à l'obliger de consentir la perte de la moitié de son capital.

·. Mais qu'on le sache bien : aucun projet ne peut être parfait ; tous, à côté d'avantages certains, présentent des inconvénients non moins certains. Ce qu'il faut, c'est rechercher de bonne foi, sans amertume et sans parti pris, en hommes sérieux qui envisagent sérieusement les situations, sinon le meilleur au moins le moins mauvais des projets qui se présentent. Celui là donc qui offre dans son ensemble et dans ses détails un système conforme au bon droit et à l'équité, celui là qui tient compte des faits que l'on ne saurait détruire, qui n'élève de part et d'autre que des prétentions modérées et fondées, qui sait se résigner à des sacrifices inévitables en les réduisant à leur plus simple expression, enfin qui concilie à la fois les droits et les intérêts, celui là doit être choisi de préférence.

Voilà pourquoi nous nous sommes, après examen, arrêté au projet dont nous avons donné le texte dans le *Crédit public* du 29 février dernier et que nous en recommandons instamment l'adoption.

Mais, a-t-on dit, de quel droit veut-on imposer ce projet aux obligataires ? Question mal posée : objection qui porte à faux.

Qui parle de rien imposer aux obligataires ? Après de longues et sérieuses discussions entre les plus forts créanciers, après avoir obtenu des concessions importantes, le projet actuel a été formulé et a reçu l'approbation de groupes importants d'obligataires : la Société générale belge qui représente près de 220,000 obligations dont elle reçoit les coupons depuis plusieurs années ; le Crédit lyonnais qui centralise un nombre considérable de titres, et plusieurs autres groupes qui en réunissent également de fortes quantités. Tels sont les éléments très-sérieux, on le voit, dont se compose le comité qui s'est chargé de recommander l'adoption de ce projet. C'est aux obligataires eux-mêmes à se prononcer aujourd'hui souverainement, car personne, ne prétend disposer de leurs droits sans leur assentiment. Ils apprécieront certainement qu'il y va de leur intérêt de donner sans retard leur adhésion.

On a cherché encore à égarer l'opinion en présentant des calculs fantastiques qu'il est bon de ramener à leur valeur.

Sans doute le Mobilier espagnol augmente ses revenus, mais il faut pour cela qu'il conserve ses titres acceptés d'ailleurs à un prix relativement élevé si l'on considère qu'il était en droit d'exiger un remboursement immédiat en espèces. Cette augmentation de revenu, ne l'achète-t-il au prix de l'immobilisation de son capital? S'il réalise à un prix inférieur à 196 fr. 67, la perte qui s'ensuivra sera pour lui définitive. Les obligataires, au contraire, ne font point ce sacrifice définitif. Ils subissent une réduction passagère et la normalité du revenu leur est assurée d'ici à peu d'années par l'accroissement du produit net. N'y a-t-il pas solidarité d'ailleurs entre tous les titres de même nature, et ne doivent-ils pas avoir la même valeur de négociation? Donc c'est une objection sans portée, ou qui conclut en faveur des obligataires eux-mêmes, que celle qui consiste à dire que le Mobilier espagnol est traité trop favorablement parce qu'il reçoit à 196 fr. 67 des obligations qu'il pourra négocier à 250 francs. Mais à qui donc échappera-t-il que le cours de 250 francs profiterait également aux obligataires?

Que prouvent encore ces chiffres groupés au gré de chacun? La vérité est que si le Mobilier espagnol vend ses titres au-dessous de 196 fr. 67, il est en perte, ce qui est loin de réaliser de fabuleux bénéfices ; que s'il vend à ce prix, il fait ce que l'on nomme une opération blanche et rentre simplement dans son argent ; enfin, que s'il vend à un prix supérieur, il est en bénéfice. Il ne saurait se présenter que ces trois cas et le plus avantageux ne lui assurerait, après tout, qu'un bénéfice de 12 1/2 millions, tandis que les obligataires gagneront plus de 77 millions.

Nous le répétons, et on le voit du reste, les objections présentées sont plus spécieuses que réelles. Le projet présenté à l'adhésion des porteurs d'obligations est bien celui qui réunit les conditions que nous indiquions plus haut comme devant déterminer le choix et la préférence. Donc point d'abstention, car l'abstention c'est la ruine, c'est un procès dont l'issue en faveur du Mobilier espagnol ne paraît pas douteuse d'après l'avis des jurisconsultes de Madrid. Mais aujourd'hui, ce système, préconisé par d'imprudents conseillers, n'est guère à craindre : les adhésions arrivent de toutes parts.

Paris.-Imp. PAUL DUPONT, 46, rue de Grenelle-Saint-Honoré.